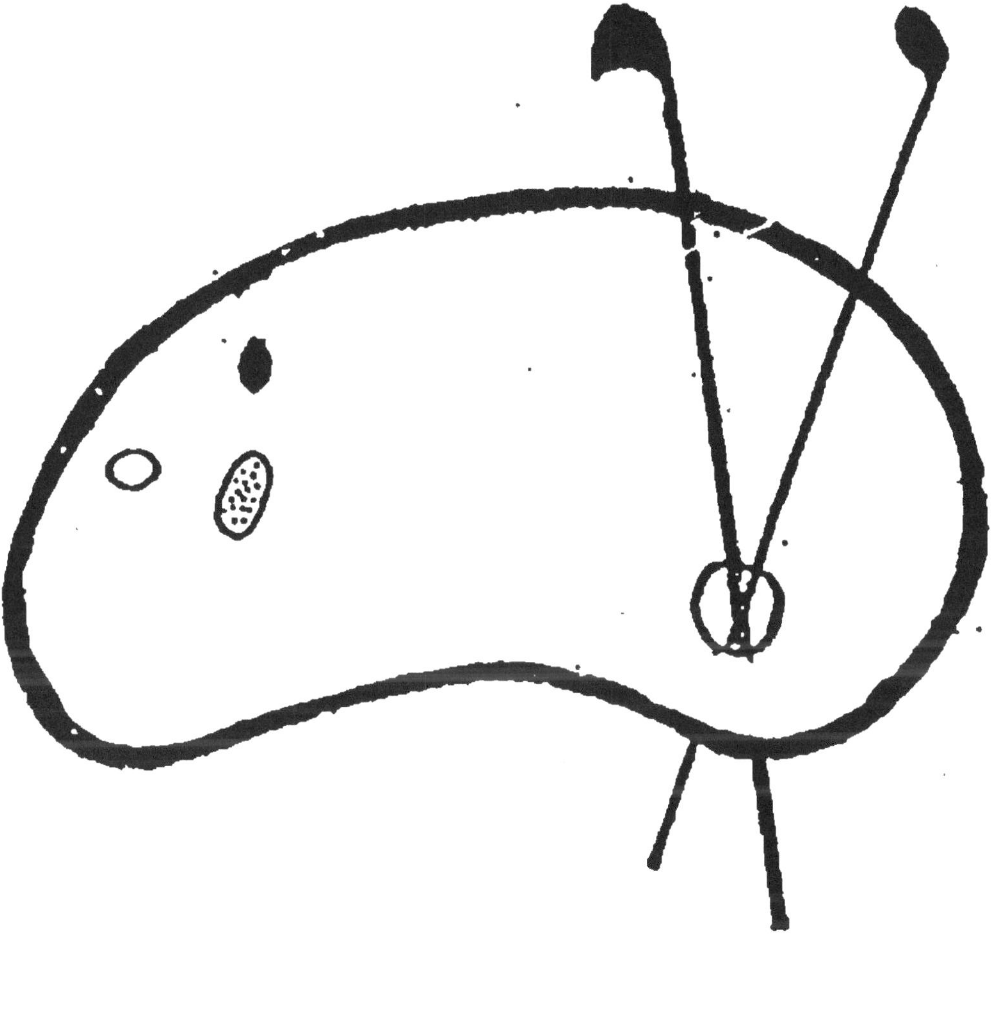

DEBUT D'UNE SERIE DE DOCUMENTS
EN COULEUR

LEÇONS ÉLÉMENTAIRES

D'ÉCONOMIE POLITIQUE

ET

D'ÉCONOMIE SOCIALE

PAR

JULES MICHEL

INGÉNIEUR DES PONTS ET CHAUSSÉES

Président de la Société d'Economie Sociale de Paris
Ancien Vice-Président de la Société d'Economie Politique de Lyon.

TROISIÈME ÉDITION

CHEZ LES ÉDITEURS

LYON	PARIS
VITTE & PERRUSSEL	LECÈNE & OUDIN
3, place Bellecour, 3	17, rue Bonaparte, 17

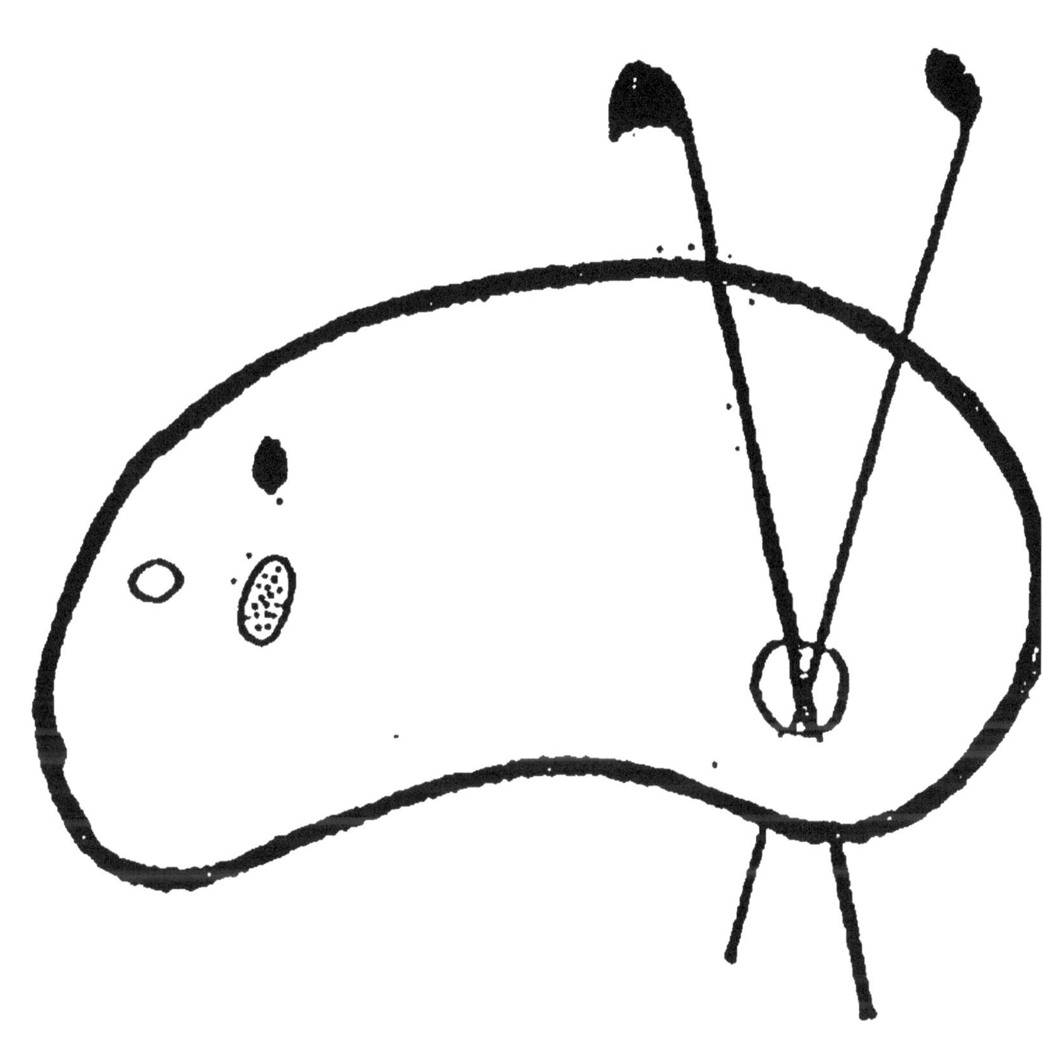

FIN D'UNE SERIE DE DOCUMENTS
EN COULEUR

LEÇONS ÉLÉMENTAIRES

D'ÉCONOMIE POLITIQUE

ET

D'ÉCONOMIE SOCIALE

Lyon. — Imp. VITTE ET PERRUSSEL, rue Sala, 58

D'ÉCONOMIE POLITIQUE

ET

D'ÉCONOMIE SOCIALE

PAR

JULES MICHEL

INGÉNIEUR DES PONTS ET CHAUSSÉES

Président de la Société d'Economie Sociale de Paris
Ancien Vice-Président de la Société d'Economie Politique de Lyon.

NOUVELLE ÉDITION, ENTIÈREMENT REFONDUE

LYON	PARIS
VITTE & PERRUSSEL	H. LECÈNE & H. OUDIN
3, place Bellecour, 3	17, rue Bonaparte, 17

PRÉFACE

L'ouvrage que nous présentons au public renferme
sous une forme simple et familière les notions fon-
damentales de l'Economie politique et de l'Economie
sociale.

Il suffira de quelques mots pour expliquer le choix
des sujets traités dans les douze leçons et l'ordre
dans lequel elles se suivent.

Destinées principalement aux jeunes gens qui fré-
quentent les écoles primaires supérieures ou les
écoles professionnelles, ces leçons devaient éviter
l'appareil dogmatique et les définitions souvent
ardues par lesquelles débutent d'ordinaire les traités
d'Economie politique. L'auteur a jugé préférable
de commencer par des questions familières à tous les
élèves.

C'est pour cela qu'il est entré de plain-pied dans

la Science économique en parlant de la *Monnaie*. Il n'est personne qui n'ait fait usage de la monnaie, qui n'en connaisse l'importance dans la pratique de la vie. Tout le monde est ainsi préparé à comprendre son rôle économique, comme rémunération du travail et comme moyen d'en échanger les produits.

La deuxième leçon a pour sujet le travail : le travail sans lequel l'individu ne peut vivre, sans lequel les sociétés humaines ne peuvent se développer.

Si le produit du travail n'est pas consommé à mesure qu'il est réalisé, on voit apparaître comme conséquence immédiate la constitution de l'épargne, comme conséquence plus éloignée la formation du capital. C'est le sujet de la 3ᵉ leçon.

Presque tous les phénomènes économiques relatifs à la vie de l'individu, à la vie de la famille et à l'avenir de la société, se rapportent aux notions si importantes de l'épargne et du capital ; aussi l'auteur n'a pas craint de consacrer la 4ᵉ leçon aux moyens de faciliter l'épargne, la 5ᵉ aux résultats que l'épargne produit pour le bonheur des familles la 6ᵉ et la 7ᵉ enfin, l'une au bon emploi et l'autre au mauvais emploi des capitaux.

Les produits du travail sont en réalité, par le fait de l'existence des hommes en société, le résultat d'un effort collectif. La répartition des profits du travail est dès lors un problème économique à résoudre. C'est le sujet de la 8ᵉ leçon, où se trouvent exposées la théorie du salaire et sa justification.

La 9ᵉ est consacrée à l'étude de l'une des principales formes sous lesquelles se manifeste le capital. C'est la propriété foncière, question des plus importantes à élucider pour mettre les jeunes esprits en garde contre les sophismes des diverses écoles socialistes.

L'utilisation du capital sous forme de machines, pour développer la production, et sous forme de chemins de fer, pour faciliter le transport des produits; enfin les notions générales relatives aux échanges, qui font de l'humanité entière comme une seule famille, tel est le sujet de la 10e leçon.

Les deux dernières ont pour but de faire connaître, au point de vue politique et administratif, le fonctionnement des sociétés humaines, considérées jusque-là au point de vue purement économique. Les principes de gouvernement et le rôle de la famille au point de vue social sont établis dans la 11e leçon.

L'application de ces principes à la France, avec quelques détails indispensables sur notre organisation administrative, doit former le sujet de la 12e leçon.

Toutefois, l'auteur a réduit cette dernière leçon à un simple sommaire, suivi d'un questionnaire, destinés à servir de guides aux maîtres. Les institutions politiques et administratives, en France, ont été trop souvent modifiées depuis quelques années, pour que les indications données à ce sujet dans un livre destiné à l'enseignement conservent longtemps le degré d'exactitude et de précision qu'elles doivent avoir. On trouvera dans les divers annuaires qui se publient périodiquement, les réponses aux questions que comporte la 12e leçon.

Dans son entier, d'ailleurs, cet ouvrage doit être considéré comme un cadre susceptible de recevoir les

développements que le professeur jugera les mieux
appropriés à son auditoire.

Une expérience poursuivie pendant plus de
15 ans prouve que ces leçons répondent bien au
but que l'auteur s'est proposé. Inaugurées en 1869
dans l'école d'apprentis fondée par MM. Gillet, tein-
turiers à Lyon, elles forment encore aujourd'hui
la base de l'enseignement de l'Economie politique
donné avec succès, dans l'Ecole professionnelle de
La Salle, par les frères de la Doctrine chrétienne.

Les leçons recueillies par les élèves ont été d'abord
autographiées. Soumises sous cette forme à la Société d'Education en 1872, elles ont été l'objet
d'un rapport élogieux, et, en 1874, la Société d'Economie politique de Lyon en a voté l'impression à
ses frais.

On a donc lieu d'espérer que cette nouvelle édition,
revue et corrigée avec soin, sera de nature à rendre
service à tous ceux qui s'intéressent à l'enseignement de la Science économique et sociale.

PREMIÈRE LEÇON

LA MONNAIE

1 Valeur d'une pièce de cinq francs. — 2 Signification des empreintes d'une pièce de monnaie. — 3 La monnaie en Chine. — 4 L'altération des monnaies. — 5 La fausse monnaie. — 6 La monnaie est un instrument d'échange. — 7 La monnaie est une marchandise. — 8 La monnaie est l'équivalent des valeurs échangées. — 9 Caractères d'une bonne monnaie. — 10 Les monnaies d'or, les monnaies de cuivre. — 11 Convention monétaire internationale de 1863. — 12 Le billet de banque, ses avantages et ses inconvénients. — 13 Le papier monnaie, effets de sa dépréciation. — 14 Les assignats en France, à la fin du xviiie siècle. — 15 Le crédit, les faillites, les banqueroutes.

1. Valeur d'une pièce de cinq francs. — Voici une pièce de cinq francs ; d'où vient sa valeur ? Que signifient les empreintes qu'elle porte ? A quel usage est-elle destinée ? Pourquoi attache-t-on tant d'importance à la posséder ? Autant de questions auxquelles je voudrais vous donner le moyen de répondre.

Vous savez que, dans notre système de poids et me_sures, le *franc* est une pièce de monnaie, du poids de 5 grammes, dont 4 grammes 1/2 d'argent, et 1/2 gramme de cuivre. Le cuivre, plus dur que l'argent, a seulement pour but de rendre la pièce de monnaie plus capable de résister à l'usure.

Donner cinq francs, c'est donc donner un poids de 22 grammes 1/2 d'un métal blanc qu'on appelle l'argent, et 2 grammes 1/2 d'un métal rouge dont le rôle est tout à fait secondaire.

2. Signification des empreintes d'une pièce de monnaie.

— La valeur réelle d'une pièce de monnaie, telle que la pièce de cinq francs, dépend uniquement du poids d'argent qu'elle contient (1). Mais alors que signifient les figures ou les signes imprimés sur cette pièce de cinq francs? Ont-ils quelque influence sur sa valeur? Non, car s'ils étaient changés, la pièce vaudrait toujours cinq francs, à condition que son poids restât le même.

Ces figures, qu'on appelle *effigies*, sont simplement la signature du gouvernement qui a fait frapper ces pièces pour les besoins du pays. Elles doivent servir à constater que la pièce est bonne, c'est-à-dire qu'elle a le poids et la composition en métal, définis par la loi : c'est comme la marque de fabrique d'un négociant sur les produits qui sortent de sa maison.

Dans les pays civilisés, les gouvernements ont tenu à garantir la valeur des pièces de monnaie; ils dispensent ainsi les personnes qui s'en servent de l'obligation d'employer une balance pour en vérifier le poids. Les peser ne suffirait même pas pour s'assurer de leur valeur, il faudrait, en outre, recourir à des procédés chimiques pour en essayer le *titre*, c'est-à-dire pour reconnaître si la proportion du cuivre et de l'argent est bien exacte. Il est facile de comprendre combien une monnaie sans garantie de poids et de titre serait incommode pour les usages journaliers; il en résulterait une perte de temps considérable pour tout le monde, et vous n'oublierez pas que la fortune d'un pays, aussi bien que celle des particuliers, dépend du bon emploi du temps.

(1) Dans les maisons de banque, on ne compte pas les pièces d'argent, on les pèse ; le poids de mille francs en pièces d'argent est de cinq kilogrammes.

3. La monnaie en Chine. — L'inconvénient de l'absence de garantie de la valeur des pièces de monnaie est manifeste en Chine. En fait de monnaie, les Chinois ne connaissent que des lingots d'argent ; ils en vérifient le poids avec des balances, des *essayeurs* ont pour métier de constater la pureté du métal. Voilà bien des embarras et des frais, qu'on évite en Europe ; c'est là un des traits de la civilisation incomplète des Chinois, auxquels cependant tout le monde s'accorde à reconnaître une remarquable intelligence commerciale. Ils comprennent très bien le rôle de la monnaie, mais ils ne sont pas parvenus à en simplifier le mécanisme, pas plus qu'ils ne sont parvenus à simplifier leur écriture (1). En Europe, au contraire, l'usage de la monnaie repose sur la confiance qu'inspirent des gouvernements honnêtes. En recevant une pièce de cinq francs fabriquée par l'Etat ou sous son contrôle, nous savons que nous pouvons l'accepter en toute sûreté ; qu'elle pèse exactement 25 grammes, au titre de 9/10 ; qu'elle vaut, par conséquent, bien réellement cinq francs.

4. L'altération des monnaies. — Jadis en France, comme dans tout le reste de l'Europe, on pensait que l'effigie déterminait la valeur de la pièce de monnaie, qu'on pouvait diminuer son poids, et la faire recevoir pour la même valeur qu'auparavant, si l'on avait soin d'y marquer les mêmes empreintes, telles que la figure du prince régnant, et les mêmes chiffres comme écus ou comme livres. Les gouvernements, sous l'ancien régime, ont eu recours de temps en temps à cet expédient, pour se procurer des ressources qu'ils ne savaient pas demander à l'impôt. L'abaissement du poids des monnaies était réglé

(1) Ils n'ont pas comme nous un alphabet composé d'un petit nombre de lettres avec lesquelles nous pouvons représenter tous les mots de notre langue : ils emploient presque autant de signes qu'il y a de mots, on en compte, dit-on, 80,000. Une vie d'homme suffit à peine pour apprendre à les connaître tous.

à l'avance par une ordonnance royale qui maintenait leur valeur nominale; les monnaies altérées étaient donc légales, mais elles n'en produisaient pas moins un grand dommage pour le commerce et pour la fortune du pays. On a heureusement renoncé à ce détestable moyen d'alimenter le trésor public, mais il n'y a guère plus de deux cents ans, que les monnaies en France ne subissent plus de ces altérations qui ont fait donner, à tort il est vrai, à certains de nos rois, le nom de faux-monnayeurs.

5. La fausse monnaié. — La monnaie, en effet, est dite fausse, quand elle est fabriquée dans le but de tromper celui qui la reçoit; les faux-monnayeurs substituent à l'argent, dans une pièce de monnaie, du plomb ou tout autre métal blanc de peu de valeur, puis ils vont chez un marchand qu'ils payent avec cette pièce fausse. Ces hommes se donnent souvent beaucoup plus de peine pour faire de la fausse-monnaie qu'il ne leur en coûterait pour gagner honnêtement leur vie, et ils encourent des peines sévères mais justes, car ils contribuent, par le vol dont ils se sont rendus coupables, à jeter le trouble dans les transactions commerciales.

Le marchand qui a reçu une pièce fausse ne s'en aperçoit pas toujours, il s'en sert à son tour, et la pièce peut circuler pendant quelque temps sans qu'on y prenne garde; mais il arrive un moment où elle est reconnue fausse, et il faut toujours que quelqu'un soit victime de la mauvaise foi du faux-monnayeur. Si un semblable accident se renouvelait fréquemment, on verrait disparaître la confiance avec laquelle nous sommes habitués à recevoir la monnaie, confiance qui est la base de son utilité.

La personne, qui se trouve avoir accepté une pièce fausse et qui s'en aperçoit trop tard pour la refuser, ne doit plus chercher à la faire passer en d'autres mains, sinon elle commettrait un vol. Etre trompé est un malheur, mais cela ne donne pas le droit de tromper les autres.

Supposez qu'on vous ait volé cinq francs, pouvez-vous, pour vous dédommager, aller les prendre dans la poche de votre voisin ; ce serait exactement la même chose, si vous payiez un marchand avec une pièce que vous sauriez fausse.

6. La monnaie est un instrument d'échange. — Quel est donc le rôle de la pièce de monnaie dans la société, pour que son emploi exige tant de garanties contre toute altération de son poids et de sa composition? La monnaie est le principal instrument des échanges dans les pays civilisés. Son rôle est, à ce titre, de la plus haute importance. Acheter ou vendre, recevoir un salaire ou le prix d'un service quelconque, c'est faire un échange ; et cette opération se renouvelle à chaque instant dans la vie. Pourquoi échange-t-on en effet, sinon pour vivre? J'échange un objet qui m'appartient et dont je n'ai pas l'emploi immédiat contre un autre dont j'ai besoin et qui appartient à mon voisin; nous convenons librement de faire cet échange qui nous est utile à tous les deux ; c'est la conséquence et c'est la condition de l'existence des hommes en société.

L'homme, en effet, est seul propriétaire des produits de son travail, soit manuel, soit intellectuel, c'est-à-dire des résultats de l'effort de son bras ou de son intelligence; il a seul le droit d'en disposer. Mais s'il travaille, c'est pour se procurer des moyens d'existence. Or l'expérience nous apprend que nos efforts personnels n'y suffisent pas, que nous avons tous besoin les uns des autres pour atteindre ce but. Ainsi, j'ai une hache, et je vais tous les jours couper du bois dans la forêt; j'en ai bientôt plus qu'il ne m'en faut pour les besoins de mon ménage. Il m'appartient cependant à moi seul, parce que seul j'ai pris la peine de le couper et de le transporter. Mais, je n'ai pas de sabots, par exemple, et je ne sais pas les faire. Mon voisin qui en fabrique a, par contre, besoin de bois, et il ne peut aller en chercher dans la forêt parce qu'il est infirme; j'irai lui proposer mes fagots, il me donnera des sabots en échange, et, de cette façon, nous nous rendrons service mutuellement.

7. La monnaie est une marchandise. — Mais comment puis-je savoir ce qu'une paire de sabots vaut de fagots, c'est-à-dire combien je devrai en donner à mon voisin en échange du prix de son travail? C'est une question délicate que l'expérience apprend à résoudre dans des cas très simples. Chez les sauvages, par exemple, qui ont peu de besoins à satisfaire, l'échange s'opère directement, c'est ce qu'on a appelé le *troc*. Il nous serait presque impossible à nous hommes civilisés d'agir de même pour nous procurer les nombreux objets dont nous faisons usage chaque jour; cette difficulté a été résolue par l'emploi de la monnaie.

Au lieu d'échanger des fagots contre des sabots, ces deux produits s'échangent, indépendamment l'un de l'autre, contre une troisième marchandise connue et appréciée de tout le monde. Cette marchandise, c'est la monnaie.

L'argent est en effet un métal qui subit des variations de prix suivant son abondance ou sa rareté. En lingot il se vend et s'achète comme toute autre marchandise. Avec ce lingot, on fabrique divers objets : cuillers, timbales, chaînes, boîtes de montres, qui se vendent ordinairement au poids. On en fabrique enfin des pièces rondes portant certaines empreintes que l'on appelle de la monnaie et que l'on échange contre d'autres produits, plus facilement que si le métal était resté à l'état de lingot; mais l'argent, sous cette forme spéciale, ne conserve pas moins sa qualité de marchandise.

8. La monnaie a une valeur équivalente à celle des objets échangés. — Quand je veux vendre un objet que j'ai fabriqué, comme des fagots ou des sabots, j'évalue sans peine la quantité de monnaie que je puis demander en échange, parce que je sais ce qu'ils m'ont coûté de journées de travail, parce que je sais ce que j'y ai dépensé d'intelligence et d'adresse, parce que, enfin, je connais la valeur en argent d'une journée de mon travail. Mon voisin en fait autant pour ce qui le concerne, et nous arrivons à nous entendre.

Sans la monnaie, ce serait bien plus difficile. Si, en effet, moi, qui fais des fagots, je demande à mon voisin, le sabotier, le prix d'un chapeau qu'il vient d'acheter, et s'il me répond qu'un chapeau vaut trois paires de sabots, serai-je bien avancé? Ne faudra-t-il pas que je sache combien une paire de sabots vaut de fagots, et que je fasse un calcul plus ou moins compliqué pour dire, en fin de compte, combien un chapeau vaut de fagots. Mais s'il me répond : un chapeau vaut cinq francs, je sais ce que j'ai à faire pour en avoir un avec le prix de mes fagots qui valent o fr. 5o pièce.

Mais l'utilité de la monnaie ne consiste pas seulement à servir d'intermédiaire commode pour le calcul dans les échanges. Sa nature de marchandise, connue et acceptée de tout le monde, de marchandise qui n'est pas susceptible de s'avarier, et qui conserve une valeur à peu près constante, tout cela fait que chacun de nous échange volontiers les produits de son travail contre la monnaie qui en représente partout la valeur. Pour le faire, il n'est pas nécessaire que nous ayons en vue de nous procurer immédiatement d'autres objets en échange. Nous savons que nous pouvons garder cette monnaie pour l'employer en temps convenable à l'achat des choses nécessaires à notre existence. Elle facilite ainsi la circulation et l'usage des produits, elle nous invite au travail qui les multiplie.

9. Caractères d'une bonne monnaie. — Les peuples civilisés ont pris l'argent comme monnaie, de préférence au verre ou au fer, et à tant d'autres marchandises au moins aussi utiles, précisément parce que l'argent est une marchandise qui ne s'altère pas à l'air, et qui n'est pas fragile, parce que l'argent est facile à transporter et à conserver, facile à diviser en parties égales.

L'expérience a d'ailleurs appris depuis longtemps que sa valeur varie dans des limites très peu considérables ; de là ses avantages comme monnaie, mais on comprend très bien qu'on puisse se servir d'autres matières, telles que l'or, le platine, le nickel, etc. Sur la côte d'Afrique, on emploie pour cet objet des coquillages destinés à faire des parures; chez les nègres de l'intérieur, la poussière d'or et les dents d'éléphants forment la monnaie courante. En Russie, autrefois, on se servait de peaux, de fourrures, etc.

Vous comprenez maintenant ce qu'est la pièce d'argent que vous avez dans votre bourse. C'est une marchandise que vous avez reçue en échange des services rendus à vos semblables par votre travail. Vous n'avez plus à votre disposition le produit de ce travail, mais vous en avez l'équivalent dans votre poche. Aussi ménagez-la bien, cette pièce de monnaie, n'en faites jamais qu'un bon usage, elle est destinée à assurer pour l'avenir votre subsistance et celle de votre famille, c'est le prix de votre vie, pensez-y bien !

10. La monnaie d'or et la monnaie de cuivre. — En Europe, on ne se sert pas seulement d'argent pour faire des pièces de monnaie. D'autres métaux sont encore employés, et particulièrement l'or et le cuivre.

Prenez une pièce d'or. C'est encore son poids qui fait sa valeur; l'or est une marchandise comme l'argent; seulement, à poids égal, il vaut environ 15 à 18 fois davantage, de sorte que, sous le même volume, il représente des sommes beaucoup plus considérables que la monnaie d'argent (1).

En France, on fait, avec du cuivre, la petite monnaie dite monnaie de billon. Ce n'est pas, à proprement parler, de la monnaie, parce que sa valeur comme marchan-

(1) Le rapport légal entre l'or et l'argent d'après notre système métrique est 15 1|2, c'est-à-dire que 1 gramme d'or doit représenter la même valeur que 15 grammes 1|2 d'argent.

Mais ce rapport a beaucoup varié depuis le commencement du siècle et c'est la meilleure preuve que l'or et l'argent sont des marchandises dont la valeur, comme celles de toutes les marchandises, varie suivant la loi de l'offre et de la demande.

Depuis 1867, l'argent est en baisse et actuellement (en 1886) 1 gramme d'or vaut 18 grammes 1/2 d'argent en lingot. Cette baisse menace d'un grand trouble notre système monétaire, basé sur le rapport de 1 à 15 1/2 entre l'or et l'argent.

Entre les années 1850 et 1867 une hausse de l'argent s'est produite en sens inverse et a déterminé en 1863 le gouvernement Français à modifier notre système des monnaies d'argent.

dise ne correspond pas à la valeur indiquée sur la pièce, et pour laquelle elle est acceptée dans les usages ordinaires de la vie.

On a dû renoncer à faire avec le cuivre de véritables monnaies parce qu'elles auraient été d'un poids excessif et d'un usage fort incommode. Les pièces de cuivre seraient donc de la fausse monnaie, si leur cours était forcé ou bien si l'on en fabriquait des quantités illimitées. Mais comme on sait très bien ce qu'elles valent, elles sont considérées seulement comme monnaies d'appoint pour faciliter le règlement des comptes, et personne n'est tenu de recevoir des gros sous pour une somme supérieure à cinq francs.

C'est, à proprement parler, une *monnaie de convention.* On se la passe de main en main parce qu'on est sûr qu'elle sera toujours acceptée par une autre personne. Mais s'il fallait se défaire des pièces de cuivre en les vendant au poids, on serait loin d'en retirer la valeur qui leur est attribuée, tandis que cela a lieu pour les pièces d'or ou d'argent. Aussi refuse-t-on nos sous de cuivre à l'étranger, tandis que notre monnaie d'or et d'argent est reçue sans difficulté dans toute l'Europe, où elle est connue pour sa bonne fabrication (1).

11. La Convention monétaire internationale de 1863. — On voit, en France, un certain nombre de pièces d'argent provenant de pays étrangers, tels que la Suisse, la Grèce, l'Italie, etc.; elles circulent absolument comme la monnaie française : c'est la conséquence d'une convention faite, en 1863, entre les gouvernements de ces Etats et le gouvernement Français. Il a été convenu que ces pièces auraient le même poids, le même titre et, par conséquent, la même valeur que les nôtres; on a voulu,

---

(1) En Suisse, on fabrique, comme monnaie de billon, de jolies petites pièces blanches composées d'un alliage de nickel et de cuivre. Ces pièces valent suivant leurs dimensions 5, 10 et 20 centimes; elles sont plus agréables que nos sous, parce qu'elles sont plus légères et moins oxydables, mais elles s'usent plus vite.

par là, faciliter les échanges commerciaux entre des peuples voisins les uns des autres. La convention de 1863 eut encore un autre objet : à cette époque, l'abondance de l'or provenant de la Californie avait fait diminuer la valeur de l'or par rapport à celle de l'argent ; on avait alors avantage à acheter les pièces de monnaie d'argent avec de l'or, et à les revendre comme marchandise, à l'état de lingot, après les avoir fondues.

Cet inconvénient parut assez grave pour que l'on se décidât à réduire le titre des monnaies d'argent, et, aujourd'hui, les pièces de 0 fr. 50, de 1 fr. et de 2 fr. ne contiennent plus que 835 millièmes d'argent au lieu de 9 dixièmes. Elles sont donc, dans une certaine mesure, des monnaies de convention comme les pièces de cuivre. Toutefois, il a été entendu que le chiffre des émissions de ces petites pièces d'argent ne dépasserait pas une limite fixée à l'avance, autrement on aurait vu se reproduire les inconvénients bien connus de l'altération des monnaies.

12. Le billet de banque ; ses avantages, ses inconvénients. — Il y a, dans les divers Etats de l'Europe et de l'Amérique, une autre monnaie de convention, ce sont les billets de banque, qu'on appelle quelquefois, mais à tort, la monnaie de papier, car quel que soit le soin apporté à la fabrication d'une feuille de papier elle ne peut valoir 100 francs, et encore moins 500 ou 1000 francs. Le billet de banque n'est donc pas une marchandise ; il est d'ailleurs facilement altérable. Qu'il tombe dans la rivière ou dans le feu, il est presque certainement perdu pour celui qui le possédait.

Ainsi le billet de banque n'a point les caractères d'une vraie monnaie, mais il est commode pour régler les échanges de marchandises sans l'emploi de l'or ou de l'argent.

Un billet de banque n'est autre chose qu'une promesse de payer au porteur la somme qui y est inscrite ; aussi sa valeur dépend absolument de la confiance qu'inspire la banque d'où il provient, c'est-à-dire de la probabilité plus ou moins grande que cette banque sera en mesure de remplir ses engagements.

Un négociant connu me promet de me payer 100 francs quand je me présenterai à sa caisse. Il me donne un billet portant sa signature, je m'en contente, et je le passe même à une autre personne en paiement d'une somme de 100 francs que je lui dois. Ce billet fait l'office de monnaie parce que tous ceux qui connaissent le négociant savent qu'on peut compter sur sa promesse. Il en est de même pour les banques; on accepte leurs billets tant qu'on a confiance en elles, mais on peut les refuser si on craint qu'elles ne fassent pas bien leurs affaires.

13. Le papier-monnaie; effets de sa dépréciation. — Il est arrivé de nos jours, cependant, que des gouvernements, pour se tirer d'embarras, dans des circonstances difficiles, ont décrété le cours forcé des billets de banque et créé ce qu'on appelle le papier-monnaie. C'est une faute du même genre que l'altération des monnaies pratiquée au moyen-âge pour les mêmes raisons, et les résultats de ces mesures sont ordinairement aussi les mêmes : c'est la dépréciation du signe monétaire, c'est le trouble dans les relations commerciales, et, en fin de compte, la ruine pour beaucoup de personnes.

La création du papier-monnaie entraîne presque fatalement la tentation d'en abuser, et les gouvernements engagés dans cette voie mauvaise ne tardent pas à émettre une quantité de billets tout à fait hors de proportion avec les ressources dont ils peuvent disposer pour en rembourser la valeur. Qu'arrive-t-il, alors? c'est qu'un billet de 100 francs n'est bientôt plus accepté que pour 80 francs, et même quelquefois pour 40 ou 50, quoiqu'il porte, en grosses lettres, le chiffre **100**.

14. Les assignats en France de 1790 à 1796. — L'exemple le plus frappant du mal causé par le papier-monnaie, nous est fourni par les assignats créés en 1790, au commencement de la Révolution française.

C'étaient des billets dont le gouvernement comptait

rembourser la valeur avec le produit des biens confisqués au clergé et à la noblesse, mais il trouva peu d'acheteurs, et, bientôt, les ressources continuant à lui manquer, il ne put résister à la tentation de s'en procurer en faisant imprimer de nouveaux billets, comme si on pouvait créer de la valeur autrement que par le travail.

Ces mesures déplorables eurent le résultat qu'elles devaient avoir. La dépréciation des assignats allait croissant; une paire de bottes se vendait 800 francs, et tout était à l'avenant. Le mal devint tel que le gouvernement n'y put remédier, et, en 1796, il fallut en venir à la banqueroute, ce honteux expédient auquel aboutissent ceux qui ont abusé du crédit. Le premier devoir d'une nation est, comme celui d'un honnête homme, de satisfaire à ses engagements, quelque onéreux qu'ils paraissent : c'est ce que ne put faire le gouvernement français pour les assignats, ils ne furent pas remboursés. Ce fut la ruine pour beaucoup de personnes qui les avaient acceptés de gré ou de force, et le crédit public fut compromis pour longtemps.

15. Le crédit; les faillites; les banqueroutes. — Le crédit est, en effet, le privilège des gens qui inspirent confiance par leur probité, leur intelligence et leur bonne conduite. Les hommes qui méritent cette confiance trouvent à emprunter l'argent qui leur est nécessaire pour tirer parti de leur travail. Ils peuvent également se procurer des marchandises sur leur seule promesse de les payer à terme, c'est-à-dire à une époque fixée d'avance. C'est dans ces conditions que se font ordinairement les grandes opérations commerciales.

Mais il peut arriver que ces opérations soient troublées par des accidents, par des circonstances imprévues, ou bien encore elles ne réussissent pas, par suite de la maladresse ou du défaut d'intelligence du commerçant qui avait trouvé du crédit. Dans l'un et l'autre cas, si ce commerçant est dans l'impossibilité de tenir ses engagements, il est déclaré en faillite, et il ne peut plus obtenir de crédit à moins que, par ses efforts et son travail, il ne vienne à bout de rembourser ses créanciers.

Si le commerçant est reconnu coupable d'avoir manqué à ses engagements par suite d'une mauvaise gestion, s'il ne s'est pas conformé aux règles de sa profession, il est dit banqueroutier, et il peut être puni par les tribunaux pour avoir abusé sciemment de la confiance qui lui était accordée.

Le mal produit par la faillite ou la banqueroute ne se borne pas à la perte du crédit pour le commerçant malheureux ou coupable, il en résulte en outre, le plus ordinairement, un véritable dommage pour les commerçants honnêtes et sérieux. Après avoir subi une concurrence fâcheuse de la part du négociant qui a fait de mauvaises affaires, ils ont désormais plus de peine à obtenir le crédit qui leur est nécessaire. C'est une des preuves de la solidarité qui unit tous les hommes dans la Société Ce qu'un d'entre eux fait de bien ou de mal sert ou nuit aux autres d'une manière indirecte. Aussi, dans les usages commerciaux, considère-t-on avec raison la faillite elle-même comme un déshonneur, quoiqu'elle ne soit pas condamnable comme la banqueroute.

Quand un Etat qui a fait un emprunt ne tient pas ses engagements envers ses prêteurs, on ne dit pas qu'il fait faillite, mais qu'il fait banqueroute. Il est évident, en effet, que ce gouvernement est coupable. Il a fait un mauvais emploi de la fortune publique, et il trouve son juste châtiment dans la réprobation générale et dans la perte de son crédit.

QUESTIONNAIRE DE LA 1ʳᵉ LEÇON

1. Qu'est-ce qu'une pièce de cinq francs ? — 2. Quelle est sa valeur réelle ? — 3. Pourquoi porte-t-elle une effigie ? — 4. Quels inconvénients présente la monnaie non garantie ? — 5. En quoi consistait l'altération des monnaies ? — 6. Définissez la monnaie ? — 7. La monnaie est-elle une marchandise ? — 8. Signalez les caractères d'une bonne monnaie ? — 9. Faites connaître les subdivisions de la monnaie et le rôle de la monnaie d'appoint ? — 10. Faites connaître la Convention monétaire internationale de 1863 ? — 11. Le billet de banque offre-t-il quelques avantages ? — 12. Qu'appelle-t-on papier monnaie ? — 13. Quelle a été la cause du discrédit des assignats ? — 14. Donnez une idée de la nature et des effets du crédit. — 15. La faillite et la banqueroute sont-elles opposées au crédit ?

SUJETS DE DEVOIRS

1. Enumérez les services que la monnaie rend aux commerçants ? à la ménagère ?
2. En vous servant des indications que vous fournissent l'arithmétique, le livre de comptabilité, et la géographie, donnez un aperçu de la monnaie des divers pays, et indiquez le rapport des divers systèmes ?
3. Quels sont les services que rend le crédit ?
4. Le papier-monnaie procure-t-il quelque avantage ?
5. En quoi consistent les dommages directs et indirects causés par un négociant qui fait faillite ?

DEUXIÈME LEÇON

LE TRAVAIL

1. Nature de la richesse des nations. — On évalue souvent la richesse d'une personne par la quantité plus ou moins grande de monnaie qui est en sa possession ; ce n'est pas toujours exact, mais quand il s'agit de la richesse d'une nation, on commet une grave erreur en disant qu'elle est constituée par les métaux précieux seuls.

La *Richesse* est l'ensemble des produits obtenus par le travail de l'homme et propres à satisfaire ses besoins. Les maisons, les champs cultivés, les usines, les outils, les objets remplissant les magasins ou les ateliers, forment, à proprement parler, la richesse d'une nation. L'or et l'argent qui, sous la forme de monnaie, sont une marchandise en même temps qu'un instrument d'échange, font évidemment partie, à ce titre, des produits qui composent la richesse, mais ils n'en sont qu'une faible portion. En France, par exemple, la fortune publique est estimée à 200 milliards de francs, et la monnaie n'entre dans ce chiffre que pour 5 milliards, c'est-à-dire pour la quarantième partie.

2. Causes de la décadence de l'Espagne. — Les idées fausses sur la nature de la richesse peuvent produire beaucoup de mal, et l'histoire nous en offre, dans l'Espagne, un exemple frappant. Au xv⁰ siècle, le célèbre navigateur Christophe Colomb découvrit l'Amérique. Comme il était parti d'Espagne, ce pays prit le premier possession du Nouveau-Monde et il fut pendant longtemps seul à exploiter les riches mines d'or et d'argent qu'on y trouvait.

Avant cette époque, l'Espagne était une nation puissante et respectée; ses ministres et ses écrivains exerçaient au dehors une grande et légitime influence. Le peuple était fier, énergique et laborieux. — Après la découverte de l'Amérique, la facilité avec laquelle on se procurait en ce pays les métaux précieux égara les esprits. Les Espagnols crurent, suivant les idées reçues à cette époque, que le pays serait d'autant plus riche qu'il tirerait plus d'or de ces contrées nouvelles, naguère encore inconnues. Négligeant l'agriculture et l'industrie, ils se lancèrent avidement à la conquête de l'or et de l'argent; ils entreprirent, pour se les procurer en plus grande abondance, les guerres les plus injustes, et opprimèrent cruellement les nations indigènes.

Ils trouvèrent leur châtiment dans leurs conquêtes mêmes. A partir du xvii⁰ siècle, l'Espagne dégénérée présente le spectacle de la décadence. C'est aujourd'hui le seul état de l'Europe qui ne soit pas en mesure de faire face à ses engagements et de payer ses dettes. Elle n'a pas su voir jadis que la richesse réelle d'une nation résulte uniquement de la quantité de travail utile produit chaque année et non de la masse plus ou moins considérable d'or et d'argent qu'elle accapare; elle s'est appauvrie au lieu de s'enrichir.

3. Sources de la richesse. — De même un particulier est riche s'il a en abondance les objets nécessaires à la conservation et au développement de son existence. La monnaie métallique qu'il possède, et qui est, comme nous le savons, l'équivalent de son travail antérieur, lui permet de se procurer par voie d'échange ce qui lui manque ; elle est pour lui, à ce point de vue, une véritable richesse. Mais encore faut-il qu'il trouve chez ses semblables des produits ou des marchandises à échanger, sans quoi son argent ne lui servirait pas à grand'chose. Robinson Crusoé, dans son île déserte, possédait des monnaies d'or, qui ne lui furent d'aucune utilité ; et avec cet or il serait resté dans le dénuement et serait mort de faim, s'il n'avait pu se procurer autrement des moyens de subsistance. Or, ces produits, ces marchandises, qui constituent la richesse réelle, ne s'obtiennent que par le *travail.*

Vous voyez donc quelle est l'importance du travail dans la vie des hommes ; sans lui point de richesse, c'est-à-dire point de moyens pour nous de subvenir à nos besoins et d'assurer notre existence.

4. Tout travail produit quelque chose d'utile. — On peut définir le travail : « *Un effort fait par l'homme dans le but de produire quelque chose d'utile pour lui ou pour ses semblables.* »

Il y a des choses utiles que nous avons sans effort. Ainsi l'air que nous respirons et qui nous est indispensable se trouve partout à notre disposition. Ce n'est point un produit du travail : aussi ce n'est pas une marchandise et il n'a pas de valeur proprement dite.

Par contre, il y a des efforts qui, tout en demandant une grande dépense de force et d'activité, ne constituent pas du travail, parce qu'il n'en résulte pas de produit utile. Je vous citerai comme exemple le mouvement que se donne l'écureuil dans sa cage. Toute la journée il s'agite, fait tourner le petit tambour dans lequel il est renfermé : mais, en somme, il ne produit absolument rien. Supposez un homme à la place de l'écureuil ; il pour-

rait se donner beaucoup de peine, il ne travaillerait
pas.

Il y a des travaux dont l'utilité ne se réalisera que dans
un avenir plus ou moins éloigné, qu'il importe cependant
de ne pas méconnaître. Des enfants s'amusent à courir
où à faire de la gymnastique, s'ils se livrent à ces exer-
cices dans le but de fortifier leurs muscles et d'être
un jour capables d'efforts pénibles et continus dans leur
profession, on peut dire en réalité qu'ils travaillent. La
peine qu'ils se donnent actuellement et qui paraît n'avoir
aucun effet utile pour le moment, portera ses fruits
plus tard. Il en est de même du travail de l'école et de
l'apprentissage. On n'en recueille pas immédiatement
le prix. Cependant leur utilité est incontestable.

5. Nécessité absolue du travail pour l'homme.
— Le travail est une obligation pour nous, par la raison
que nous avons été créés avec des besoins si impérieux,
que leur non-satisfaction entraînerait pour nous la mort;
et l'expérience nous apprend que les moyens de satisfaire ces besoins ne peuvent s'obtenir que par le travail.
C'est là un fait constant, et toutes nos révoltes ne pourraient rien changer à cette loi de notre nature. Dieu a dit à
l'homme, à l'origine : « Tu mangeras ton pain à la sueur
de ton front »; et depuis lors, toutes les générations qui
se sont succédé sur la terre ont été obligées de recourir,
pour vivre, aux produits du travail.

Or, qu'est-ce que la vie? La vie est le développement
complet de l'être et de ses qualités propres. Elle n'impli-
que point les mêmes nécessités pour l'homme et pour les
animaux. Ceux-ci n'ont que des besoins corporels et
encore très limités; l'homme, composé d'une âme et d'un
corps, a des besoins de diverses sortes : besoins matériels
comme les animaux, et besoins intellectuels et moraux
que ceux-ci ne connaissent pas. De plus, comme nous le
verrons bientôt, ces besoins sont presque illimités.

Un philosophe avait, dit-on, défini l'homme un animal à deux pieds sans plumes. Un de ses confrères en
philosophie vint un jour le trouver au milieu de ses

élèves, et tirant de dessous son manteau un coq déplumé, le jeta devant lui en disant : « Voici votre homme. »

La définition était évidemment incomplète; il y a en nous quelque chose de plus et de meilleur que la forme corporelle. Il faut dire que « l'homme est un animal doué d'intelligence et du sentiment religieux ». De là, découlent plusieurs catégories de besoins que nous devons satisfaire et de devoirs que nous avons à remplir, si nous voulons vraiment mériter le nom d'hommes. Pour y arriver il faut travailler, et travailler sans cesse.

6. Obstacles que l'homme trouve à la satisfaction de ses besoins. — Le travail, ai-je dit, consiste dans un effort. Puisqu'il y a effort, c'est qu'il y a obstacle à surmonter ; et, en effet, dans la nature, quantité d'obstacles s'opposent à la satisfaction de nos besoins. Prenons la faim, par exemple : pour faire taire notre appétit, il faut du pain; or, le blé ne pousse pas tout seul. Sans travail, la terre reste stérile, et au lieu de plantes utiles à l'homme, elle ne produit dans nos climats que des ronces et des chardons. Pour la féconder et en tirer des moissons abondantes, il faut d'abord les efforts du laboureur. Puis, il faut couper le blé, le moudre, pétrir la farine, faire cuire la pâte. Rien de tout cela ne se fait sans peine.

Si nous considérons nos besoins intellectuels, les mêmes difficultés se présentent. L'homme est naturellement ignorant. L'enfant qui vient de naître ne sait rien, il doit apprendre tout ce qui servira à développer son intelligence, et encore la faiblesse de sa mémoire l'oblige souvent à réapprendre plusieurs fois les mêmes choses. Cette lutte nécessaire contre l'ignorance exige un effort, aussi bien de la part du maître qui enseigne que de la part de l'élève qui étudie. C'est du travail.

Enfin, l'obstacle au développement de la vie morale, ce sont nos passions, qui nous entraînent souvent hors du droit chemin, c'est notre penchant naturel au mal, conséquence du péché originel. Nous devons le combattre : la religion nous enseigne les moyens les plus sûrs pour arriver à le vaincre; mais nous ne pouvons y parvenir sans efforts.

L'homme ne peut donc vivre réellement qu'à la condition de surmonter les obstacles, provenant tant de sa nature intime que du monde extérieur, qui s'opposent à son complet développement. De là l'obligation absolue du travail pour tous les hommes sans distinction.

7. Les besoins de l'homme sont plus nombreux que ceux des animaux. — L'économie politique s'occupe spécialement des moyens d'entretenir et de développer la vie par la production et par le bon emploi des objets matériels qui peuvent nous être utiles. L'étude de la vie morale et intellectuelle n'est pas de son domaine, et pourtant elle ne doit pas s'en désintéresser complètement, ni les perdre de vue dans ses recherches ; car le degré d'intelligence et de moralité de l'homme a une grande influence sur son travail et sur la manière dont il poursuit la satisfaction de ses besoins matériels.

Ces besoins ne sont pas, en effet, réglés chez nous par l'instinct, comme ils le sont d'une façon presque invariable chez les animaux. Ils sont en outre infiniment plus nombreux. Les animaux n'ont en effet, que des besoins très limités : pour tous, le besoin de nourriture; pour quelques-uns seulement, besoin d'abri contre les intempéries des saisons ou les attaques de leurs agresseurs. Cela suffit à les obliger à se donner de la peine et, on peut le dire, à travailler mais d'un travail très borné.

L'homme au contraire est soumis à bien d'autres nécessités. Il n'a pas seulement besoin de se nourrir et de s'abriter ; il lui faut encore se vêtir. Sa santé plus fragile que celle des animaux exige des soins particuliers. Son existence en société lui impose de nombreuses obligations auxquelles il ne peut se soustraire. Il est donc forcé de travailler beaucoup plus que les animaux. Cette nécessité apparaît plus évidente encore si on songe que ces besoins si divers sont pour ainsi dire illimités, par suite de la nature morale de l'homme qui le porte à améliorer sans cesse les conditions d'existence sur lesquelles il peut agir par ses efforts.

8. Nécessité de la prévoyance, point de départ du progrès de l'humanité. — Quand l'animal a satisfait le besoin présent, il s'endort et ne cherche pas à dépasser la mesure exigée par sa nature, ni à préparer d'avance la satisfaction des besoins à venir. Voyez le chat dans la maison, ou le loup dans les bois. Quand la faim les presse, ils se mettent à la poursuite de leur proie. Vous savez ce qu'ils y emploient de ruse, de patience, de force ou d'adresse. Mais dès qu'ils n'ont plus faim, ils vont se reposer. Quelques animaux, comme les abeilles ou les fourmis, guidés par leur instinct, font, il est vrai, des provisions ; mais ils amassent uniquement ce qui leur sera nécessaire pour vivre pendant la période de l'année ou il leur sera impossible de se procurer leur subsistance au dehors.

L'homme qui est doué d'intelligence prévoit ses besoins futurs, et travaille non seulement pour le présent mais encore pour l'avenir. A mesure qu'il s'élève d'un degré dans la civilisation, ses besoins augmentent, et il ne peut se passer de choses qui auparavant lui auraient paru superflues. Le travail lui permet de satisfaire à ces besoins nouveaux qui en amènent d'autres, lesquels exigent de nouveaux efforts. L'extension indéfinie dont sont susceptibles les besoins de l'homme, est donc ce qui l'amène à passer graduellement de la vie sauvage à l'état civilisé.

Il peut, il est vrai, abuser de cette faculté, et, quand il a amassé pour l'avenir, il peut faire mauvais usage de ses provisions. Ainsi il lui arrive de manger ou de boire plus qu'il n'est nécessaire, parfois même plus qu'il ne convient. C'est un grand tort. Mais si ses efforts ne tendent qu'à lui procurer un logement plus sain et plus propre, des habits de diverses sortes, pour l'hiver et pour l'été, pour tous les jours ou pour le dimanche ; s'il travaille pendant six jours de façon à se reposer le septième, et à se donner le temps de cultiver son intélligence ; s'il économise en prévision des jours ou la maladie viendra le visiter, ou de l'époque ou l'âge ne lui permettra plus de continuer son métier ; tout cela est très louable. C'est le résultat de l'esprit de prévoyance et c'est parce que l'homme est capable de prévoyance qu'il est capable de progrès.

9. Sans la persévérance dans le travail il n'y a pas de civilisation. — Mais ce progrès n'est possible qu'à la condition d'un travail persévérant. Autrefois, en France, les rues des villes étaient malpropres, étroites, mal pavées ; les habitants de la campagne se contentaient de misérables chaumières, de mauvais vêtements. Ils n'avaient ni bas ni mouchoirs. Aujourd'hui les rues des villes sont plus larges, elles sont lavées chaque jour au moyen de conduites d'eau établies à grands frais. On construit des habitations plus saines et plus commodes, on recherche des vêtements plus soignés. L'habitude s'est répandue de porter des bas et de se servir de mouchoirs ; la santé et la propreté gagnent à toutes ces transformations, elles sont donc bonnes, car la santé est un bien précieux et vous savez qu'on a dit de la propreté qu'elle est une demi-vertu.

Ces besoins nouveaux, inconnus à un grand nombre de Français qui vivaient il y a 100 ou 150 ans, constituent un véritable progrès, mais pour nous procurer les moyens de les satisfaire il ne faut pas cesser de travailler. Si nous voulions nous contenter de la vie rude et des grossiers aliments de nos pères, nous pourrions bien souvent nous croiser les bras, car nous aurions aujourd'hui grande facilité à pourvoir à des conditions de vie très simples, qui alors les contraignaient à un labeur soutenu. Mais nous sommes devenus plus exigeants. Ce qu'ils eussent considéré comme superflu nous est devenu nécessaire, et cela suffit à nous obliger à persévérer dans le travail. Par là nous rendons service à notre pays et à nos semblables, sans y penser peut-être, mais dans tous les cas d'une manière très réelle.

10. Causes de l'infériorité sociale des Turcs. — Faire le contraire, ce serait renoncer au seul moyen d'améliorer la condition de l'humanité; ce serait retomber dans la barbarie. Il ne faut pas s'éloigner beaucoup de notre pays pour en trouver la preuve. Chez les Turcs par exemple, le travail est peu en honneur, leurs besoins sont restés très primitifs. Quand un ouvrier a gagné, en deux ou trois jours de quoi se procurer sa nourriture pendant une semaine, il ne reparaît plus à l'atelier. On le rencontre assis par terre, fumant sa pipe, sans aucun souci d'améliorer son existence ou son vêtement. Aussi les Turcs ignorants, malpropres, ne connaissent pas les conditions les plus élémentaires du développement de la vie sociale.

Chez eux on ne voit point de routes, point de travaux exécutés dans un intérêt général. Ils habitent des cabanes en bois ou en terre; quelques troupeaux errant dans de vastes solitudes leur fournissent seuls de faibles moyens d'existence. Leurs jardins, quand ils en cultivent, sont cachés le plus loin possible des villages, pour mettre les fruits à l'abri des pillards.

Voilà ce qu'est devenue la Turquie, depuis que ce malheureux pays est occupé par un peuple qui ne travaille pas. La France, Dieu merci, au moins dans l'ensemble de la population, nous offre un tableau plus consolant. Il y a bien encore parmi nous malheureusement quelques *Turcs*, c'est-à-dire des hommes qui passent deux ou trois jours par semaine à s'abandonner à la paresse au lieu de travailler, mais on peut dire que c'est l'exception.

Si notre amour du travail venait à se ralentir, nous verrions bientôt nos villes tomber en ruines, malgré les ressources que nous promettent les progrès des sciences et de l'industrie. Les champs cultivés seraient remplacés par des friches improductives, comme on en voit partout en Turquie. La population diminuerait d'une façon effrayante. La France ne pourrait plus nourrir ses enfants.

11. Part de l'intelligence dans le résultat du travail. — Les progrès réalisés chez les nations civilisées par une lente accumulation de la richesse sont-ils dus seulement à la continuité du travail des générations humaines ; autrement dit, si on supposait une race animale douée d'une pareille persévérance, pourrait-elle arriver aux mêmes résultats que l'homme ? Evidemment non. Le travail des fourmis par exemple recommence chaque année dans les mêmes formes, sans modifications, comme sans résultats appréciables et permanents sur leur manière d'être.

Comment donc se fait-il que l'homme réussisse mieux que l'animal à écarter les obstacles naturels qui s'opposent à la satisfaction de ses besoins ? Comment comprendre que l'effort lui-même se perfectionne sans cesse et gagne sans cesse en efficacité et en puissance, de telle sorte que l'on obtienne plus tard presque sans peine et en grande abondance des avantages que, à une époque antérieure, une somme de travail considérable parvenait difficilement à procurer.

C'est que l'homme est un être intelligent, et que chez lui l'intelligence agit en même temps que le corps. Le travail manuel est fécondé d'une manière surprenante par le travail de l'intelligence qui le dirige. Il n'est aucun métier où le corps seul soit actif. Quant un bucheron fend du bois, il a soin de le placer dans le sens qui rendra le coup de hache plus prompt et son effet plus complet. Il se garde bien de frapper à tort et à travers. Un travail de son esprit, inconscient peut-être, lui a appris que le bois se fend plus facilement dans le sens des fibres, et que les nœuds doivent être évités. Le travail de son esprit l'amène aussi peu à peu à donner à son instrument la forme la meilleure, celle d'un coin, et à lui donner le poids et les dimensions les plus avantageuses, pour produire plus de travail avec moins de peine.

De son côté, le scieur de bois sait que le frottement du fer sur le bois rend son travail pénible, et que le frottement diminue si le fer est couvert d'une substance grasse ; aussi a-t-il soin de graisser sa scie. Et ainsi partout où l'homme lutte contre les obstacles matériels, il développe un effort d'observation et d'intelligence pour faire mieux et plus vite.

Aussi la création d'un produit utile est dû pour une part plus ou moins grande au travail manuel et pour une autre part au travail intellectuel. Celle-ci n'est pas toujours apparente, et elle est cependant la plus considérable.

La machine à vapeur, direz-vous, accomplit beaucoup de travail sans intelligence, et tout le monde sait les prodiges qu'elle réalise. D'abord elle n'agit que sous l'impulsion du mécanicien qui la dirige, abandonnée à elle-même, elle ne produirait rien. D'un autre côté la plus grande part des résultats n'est-elle pas due à l'intelligence de celui qui a inventé la machine, de ceux qui l'ont successivement perfectionnée et mise en état de fonctionner comme elle le fait ? Un inventeur fait donc une véritable conquête sur la nature et rend service à l'humanité qui bénéficie de son travail.

12. Rôle des animaux et des machines dans la production. — L'emploi des animaux et des machines, pour le seconder et augmenter le résultat de ses efforts, est précisément le triomphe de l'intelligence de l'homme. Par tous pays il a compris que les animaux pourraient lui être utiles pour le suppléer dans son travail purement corporel. D'abord il s'est déchargé sur le cheval ou sur l'âne du fardeau qu'il portait sur ses épaules. Puis il a employé le bœuf à tirer la charrue. Mais il a dû dresser l'animal à lui rendre ces services ; il a dû ensuite le diriger. Voilà la part réservée à l'intelligence dans l'acte de la production.

Plus tard la charrette a été inventée et l'animal avec un même effort a produit au profit de l'homme un résultat beaucoup plus considérable. Puis sont venues les machines plus compliquées, où le génie de l'homme a multiplié ses combinaisons, toujours dans le but d'employer une force autre que ses bras pour obtenir les objets destinés au développement de son existence.

Dans toutes leurs inventions, les savants cherchent à diminuer le plus possible la part de l'effort purement manuel de l'ouvrier et à y substituer la force plus considérable des animaux, ou la force presque illimitée de la vapeur. De cette façon, l'homme accroît dans une large mesure la part du travail intellectuel, mais il obtient presque sans peine un résultat utile infiniment supérieur à celui qu'il n'atteindrait qu'avec des efforts inouïs, s'il était réduit à ses seules forces.

13. Comparaison des services rendus par un porte-balle et un mécanicien de chemin de fer. — Comparez par exemple le travail d'un mécanicien sur un chemin de fer avec celui d'un *porte-balle*. On appelle ainsi les petits marchands qui vont de village en village offrir les marchandises qu'ils portent sur leur dos. Leur travail à l'un et à l'autre est de transporter et de mettre à la disposition des personnes qui en ont besoin des marchandises venant d'autres pays. Ils rendent l'un et l'autre service à ces personnes. Mais le porte-balle a grand peine à porter sur ses épaules un ballot pesant de 25 à 30 kilogr. et il fait au plus 5 ou 6 lieues dans sa journée.

Pendant ce temps le mécanicien ira de Marseille à Lyon. Il fera ainsi plus de 100 lieues et apportera en une fois 250,000 kilogrammes de marchandises. Il aura donc effectué un chemin vingt fois plus considérable, transporté un poids dix mille fois plus fort, et rendu par conséquent plus de services et à beaucoup plus de monde que le porte-balle ; celui-ci aura cependant dépensé un effort physique bien plus grand. Mais le mécanicien dépense plus d'intelligence ; il a fait un apprentissage spécial, enfin il a entre les mains un merveilleux instrument. Combien en effet, n'a-t-il pas fallu d'efforts d'intelligence et de travail pour arriver à construire un chemin de fer et à fabriquer la locomotive si puissante et si rapide sans laquelle le mécanicien se trouverait réduit au rôle de porte-balle!

14. Véritable but des progrès de la mécanique.
— C'est cette intervention continue de l'intelligence se-
condant le travail, qui détermine le progrès matériel de
l'humanité. C'est grâce à elle que la vie est rendue plus
facile à un plus grand nombre d'hommes sur la terre.
C'est en somme le résultat que nous devons poursuivre
de toutes nos forces ; c'est le résultat que l'économie politique doit se proposer comme but de ses recherches.

Mais, je le répète, il ne faudrait pas croire que par suite
des progrès de la mécanique vous pourriez être un jour
dispensés de travailler. Le travail est une loi de notre
nature tellement nécessaire, que, à peine l'homme a-t-il
réussi à satisfaire ses besoins les plus urgents, il en dé-
couvre immédiatement d'autres également impérieux à
leur tour. Parfois même il se crée des besoins factices,
qui, tout factices qu'ils soient, n'en sont pas moins tyran-
niques, et dont l'apaisement ne lui coûte pas moins d'efforts.

Le travail est la condition absolue de notre perfectionnement tant naturel que moral, et le point de départ de
toute civilisation. Voilà ce qu'il ne faut pas oublier.

QUESTIONNAIRE DE LA 2ᵉ LEÇON

1. Qu'appelle-t-on richesse ? — 2. Énumérez quelques objets qui soient considérés comme richesse. — 3. Que faut-il à un objet pour qu'il puisse être un élément de richesse ? — 4. La monnaie est-elle une richesse ? — 5. Citez un exemple historique qui démontre les conséquences des fausses idées sur la richesse. — 6. Quelle est la source de toute richesse ? — 7. Qu'est-ce que le travail ? — 8. Que faut-il pour qu'un effort mérite le nom de travail ?— 9. Démontrez, au double point de vue de la vie matérielle et de la vie morale, la nécessité du travail pour l'homme. — 10. Pourquoi le travail est-il un effort ? Signalez quelques obstacles à vaincre. — 11. Les besoins de l'homme sont-ils plus nombreux que ceux des animaux ? tirez-en une conclusion. — 12. Quelle est la vertu qui naît de la préoccupation de satisfaire les besoins légitimes ? — 13. Quels sont les effets de cette vertu sur l'individu et sur la société ? — 14. La civilisation serait-elle possible sans le travail ? — 15. D'après ce qui précède, expliquez la décadence des Turcs. — 16. Faites remarquer la part de l'intelligence dans le résultat du travail. — 17. Expliquez le rôle des animaux et des machines dans la production. — 18. Appuyez vos remarques par une comparaison entre un porte-balle et un mécanicien. — 19. Quel est le véritable but de la mécanique ?

SUJETS DE DEVOIRS

1. Définissez le travail et énumérez les bienfaits dont l'homme lui est redevable.
2. Énumérez les services que les animaux et les machines rendent à l'industrie.
3. Montrez que la richesse, quelle que soit sa forme, est née du travail.
4. Comment le travail de l'intelligence rend-il plus profitable le travail des mains ?
5. Donnez des exemples des progrès réalisés sous ce rapport.

TROISIÈME LEÇON

L'ÉPARGNE. — LE CAPITAL

1. Résultats du travail des hommes vivant en société. — L'intervention de l'intelligence augmente la puissance de production du travail manuel, mais ce n'est pas la seule particularité à signaler dans les effets du travail de l'homme. Le plus remarquable provient du fait que les hommes vivent en société.

Le but du travail est, vous le savez, d'obtenir un résultat utile pour la satisfaction de nos besoins. Or, nos besoins sont très divers, et si nous considérons l'ensemble des hommes qui travaillent, nous voyons que chacun d'eux accomplit en général exclusivement une tâche déterminée, limitée, et le plus souvent sans aucune espèce de rapports avec ses besoins particuliers ; les uns font des souliers, les autres des chapeaux, les autres des maisons, etc. On peut se demander comment, en travaillant du matin au soir un objet spécial, dont le plus souvent la fabrication ne s'achève pas par les mains qui l'ont commencé, on fait cependant un produit utile. On peut s'étonner que cette occupation si restreinte arrive cependant à satisfaire les besoins de l'ouvrier qui l'accomplit. Teindre des écheveaux de soie, par exemple, fut-ce pendant une année entière, cela ne suffit pas pour les approprier à nos besoins, et on ne voit pas clairement comment cette tâche procurera du pain au teinturier.

C'est qu'il ne faut pas oublier que l'homme civilisé ne travaille pas seul. Il ne faut pas regarder ce que fait un ouvrier isolé, mais ce que font tous ceux qui sont avec lui dans la même usine. Il faut songer à ce qui se fera dans d'autres ateliers, dans la même ville, dans le même pays, dans le monde entier. Ainsi l'écheveau de soie teint ici, sera tissé là, puis ailleurs on en confectionnera des vêtements, puis enfin ceux qui ont besoin de vêtements de soie, donneront en échange de l'étoffe les moyens d'assurer la vie de tous les ouvriers qui ont contribué à les fabriquer. Telle est l'explication de l'efficacité du travail individuel, quand il est complété et secondé par celui d'autres hommes agissant tous dans le même but.

La société entière n'est qu'une collection d'associations, familles, ateliers, usines, dont les efforts réunis sont nécessaires pour la production des moindres objets. Prenez une cravate de soie et calculez, si vous le pouvez, combien de groupes d'hommes y ont travaillé, depuis le Chinois ou le Japonais qui a planté les mûriers et élevé le ver à soie, jusqu'à l'ouvrière qui a cousu l'étoffe. Vous serez surpris de voir quel nombre considérable de personnes ont concouru à la fabrication de ce mince objet de toilette.

2. L'organisation naturelle de la société rend le travail productif. — Et pour arriver à ce résultat, pour faire agir dans un but unique tant de mains et tant de volontés, il n'est pas nécessaire de faire de longues conventions, ni d'assigner à chacun sa tâche. Cela se fait tout naturellement sous l'influence de l'intérêt personnel.

Des hommes qui ne se connaissent pas, qui ne se verront jamais, qui habitent les contrées les plus éloignées de la terre, travaillent à la production des mêmes objets. Ils ne les emploient pas à leur usage et cependant ils en tirent profit. C'est ainsi qu'un Japonais gagne sa vie en élevant des vers à soie dont les cocons après bien des transformations serviront à la toilette d'une française, et un Chinois la gagne en récoltant du thé destiné à la boisson d'un anglais.

Un proverbe dit : « L'union fait la force ». On pourrait ajouter : « L'union rend la force profitable ».

L'organisation naturelle de la société humaine a cet avantage inappréciable qu'elle fait converger tous les efforts de ses membres vers un but utile, but que chacun isolément ne pourrait atteindre. Quel homme pourrait, à lui seul, réussir à se faire seulement une cravate de soie ? S'il s'agissait de la fabrication d'un objet plus grossier, tel qu'une paire de sabots, peut-être en viendrait-il à bout, et encore à la condition d'avoir des outils d'acier, qu'il ne pourrait certainement pas se procurer seul et pour lesquels il lui faudrait le secours d'autrui.

3. Enseignements à tirer de l'histoire de Robinson Crusoé. — Vous connaissez l'histoire de Robinson Crusoé. Un vaisseau fait naufrage au voisinage d'une île déserte. Un matelot seul échappe à la mort et gagne l'île à la nage. A force de courage, de travail pénible, de persévérance, il parvient à tirer parti des ressources naturelles qu'il trouve dans l'île et à se procurer ce qui lui est nécessaire pour sa subsistance.

Cette histoire, dont les faits ont été imaginés par l'auteur, ne donne pas une idée nette de ce qui arriverait en réalité si un homme se trouvait seul dans un lieu désert. — Robinson, en effet, n'est pas absolument dénué de tout secours dans son île. Chaque fois qu'il est à bout de ressources, chaque fois qu'il sent son impuissance en face de la nature, il a recours aux objets qu'il a tirés du vaisseau naufragé. C'est tantôt une hache, tantôt une corde, ou bien encore un briquet, etc. Eh bien ! chaque fois il se retrouve pour ainsi dire dans la société des hommes, puisqu'il use des produits de leur travail. Ce sont eux qui ont fabriqué la hache avec laquelle il pourra couper des arbres et se faire un abri. Ce sont eux qui ont fait le briquet qui lui permettra d'allumer du feu. Sans le secours de ces hommes qui ne vivent pas avec lui, mais qui ont travaillé pour lui, Robinson serait mort de froid et de faim.

4. Effets de la division du travail. — La vie des hommes en société a encore une autre conséquence importante, c'est que chacun, par son travail personnel, complétant le travail des autres, peut produire plus qu'il n'est nécessaire pour assurer la satisfaction de ses besoins ordinaires. Chacun en travaillant à un métier qu'il a appris dès son enfance, le fait plus rapidement et mieux, que s'il faisait successivement plusieurs métiers, dans lesquels il ne pourrait certainement pas, quelque bien doué qu'il fût, acquérir une égale habileté. La division du travail a donc pour effet d'augmenter dans une large mesure la production des objets qui nous sont nécessaires ; par suite, elle tend à accroître le bien-être dans la société.

En travaillant dans l'isolement, comme Robinson, il nous serait impossible de vivre comme nous en avons l'habitude, tant nos besoins sont variés et tant aussi est grande notre impuissance personnelle à les satisfaire. Mais, autour de nous, des hommes dont les aptitudes complètent les nôtres travaillent pour nous. Les uns bâtissent des maisons, les autres font des vêtements, les autres fabriquent des denrées alimentaires. Nous échangeons avec eux les produits de notre industrie ou de notre travail et nous obtenons ainsi ce qui nous est nécessaire ; et non seulement nous vivons de cette façon au jour le jour, mais de plus nous sommes ordinairement capables d'obtenir, à l'aide de notre travail, au delà de ce qu'exigent nos besoins quotidiens. Cet excédent de production sur notre consommation est encore un effet de la division du travail. Une comparaison fera mieux comprendre comment le groupement d'efforts individuels convergeant vers un but unique peut donner un résultat que chaque effort isolé n'arriverait jamais à produire. On voit à bord des navires d'énormes cabestans destinés à remonter l'ancre mouillée au fond de la mer. Quelle que soit la vigueur déployée par le plus robuste matelot, il ne pourra remuer la lourde machine ; vingt, trente hommes n'y suffiront même pas, si leurs efforts ne sont pas coordonnés ; mais, que le sifflet se fasse entendre, que toutes les mains saisissent ensemble les barres, aussitôt l'ancre cède doucement à l'action du cabestan. L'association des efforts a eu raison de sa résistance.

La division du travail n'est possible toutefois que dans les sociétés arrivées déjà à un certain degré de civilisation. C'est à elle, non moins qu'à l'action de l'intelligence, qu'est due la puissance croissante du travail pour la production des objets nécessaires à la vie ; c'est elle qui nous fournit le plus sûrement le moyen d'améliorer notre existence physique et de pourvoir au développement intellectuel et moral de notre nature.

5. Définition de l'épargne. — Ces produits qui excèdent nos besoins habituels, nous pouvons les consommer immédiatement. C'est ainsi que procèdent les sauvages habitants des forêts de l'Amérique du nord. Quand ils ont fait une chasse heureuse, ils mangent, dit-on, plusieurs jours de suite avec une voracité extraordinaire. Par contre, quand la chasse est infructueuse, ils en sont réduits à jeûner parfois longtemps et à tromper les angoisses de la faim en mâchant des herbes ou des feuilles d'arbres. Mais si au contraire nous conservons des produits, actuellement superflus, en vue de nos besoins à venir, nous faisons acte de prévoyance, nous agissons en hommes civilisés. Cet acte dont l'habitude est une vertu, c'est l'*Epargne*.

Vous savez que le salaire payé en argent à un ouvrier est l'équivalent de la puissance productive de son travail journalier. Supposez qu'un ouvrier gagne 4 fr. par jour et qu'il n'ait à dépenser que 3 fr. 5o pour l'entretien de sa famille. Il lui restera o fr. 5o. Que fera-t-il de cet excédent?

Il pourra le dépenser en faisant des repas plus copieux qu'il n'est nécessaire, ou en buvant deux bouteilles de vin au lieu d'une qui lui aurait suffi. Il pourra aller au théâtre, etc.

Mais le lendemain il n'aura plus rien dans sa poche et il ne lui restera que le souvenir du plaisir qu'il s'est donné la veille, à moins que (chose plus fâcheuse encore qu'une dépense inutile) le dîner trop copieux ou la bouteille de vin supplémentaire, n'ait causé à sa santé un dérangement désagréable.

Si au contraire il se prive de cette dépense inutile, sinon nuisible, s'il met de côté cette modique somme, s'il répète chaque jour cet acte de vertu, il se trouvera avoir au bout de l'année une épargne de plus de 15o fr. Ce sera, la sécurité pour les jours à venir. Cet ouvrier prévoyant ne sera plus exposé à être pris au dépourvu par les accidents inséparables de la nature humaine.

L'homme qui, au lieu d'épargner, consomme de suite tout ce qu'il gagne, ou qui se repose jusqu'à ce que cet excédent ait disparu, ressemble aux sauvages ou aux Turcs dont j'ai parlé précédemment. Il ne peut pas être question pour lui d'amélioration morale ou intellectuelle, il ne lui est pas possible de donner satisfaction à d'autres besoins que ceux par lesquels nous ressemblons le plus aux animaux.

Le paresseux s'expose même à descendre au-dessous des animaux, car le proverbe dit que « l'oisiveté est la mère de tous les vices ». Il n'en faut pas davantage pour nous faire aimer l'épargne, n'eût-elle pour effet que de nous garantir de ce mal funeste. Mais elle a encore d'autres effets de la plus haute importance pour la vie de l'individu et pour l'existence des peuples.

6. Les provisions ou avances sont destinées à la consommation ultérieure. — La prévoyance nous conduit à prélever le superflu quotidien de notre travail ou de notre salaire, en vue de l'avenir. Nous constituons ainsi une réserve qui est toujours à notre disposition pour notre usage. Nous pouvons l'employer pour notre consommation personnelle le jour où, pour une cause quelconque, nos ressources ordinaires viennent à nous manquer ; dans ce cas l'épargne prend le nom de *provisions* ou *d'avances pour la consommation*. Mais nous pouvons aussi, comme nous le verrons plus loin, nous en servir pour augmenter l'effet utile de notre travail, et aider ainsi au progrès de notre famille et de l'humanité; dans ce cas on donne au résultat de l'épargne le nom de *capital* ou *avances à la production.*

Sous forme de provisions en nature ou d'avances monétaires destinées à notre usage plus ou moins immédiat, l'épargne sert à parer aux conséquences des accidents, des maladies qui nous arrivent d'une manière imprévue, ou des causes d'interruption de travail qui nous privent momentanément de notre gain quotidien. Elle sert aussi à nous fournir le moyen de satisfaire des besoins à venir, que nous ne pouvons prévoir et pour lesquels nous désirons ne pas être pris au dépourvu.

Par mille circonstances dues à la fragilité de notre nature, nous pouvons nous trouver dans l'impossibilité provisoire ou définitive de gagner notre vie. Nos économies antérieures, si nous avons su en faire, seront là pour nous mettre à l'abri du besoin.

Les intempéries des saisons, les vicissitudes des sociétés amènent dans le travail des interruptions, des chômages qui, sans l'épargne, seraient pour nous un sujet de constantes appréhensions et de privations inévitables.

7. L'observation de la nature et la réflexion invitent l'homme à l'épargne. — Pourquoi le cultivateur met-il du blé dans son grenier après la moisson ? pourquoi fait-il pendant l'été des provisions de bois et de charbon ? C'est qu'il sait que l'hiver viendra, que la terre alors ne produira ni fruits ni légumes, que l'abri de sa maison ne suffira plus à le garantir du froid. La crainte des besoins à venir l'a rendu prévoyant.

L'habitant des villes, au contraire, trouve autour de lui un grand nombre de magasins où il peut aller chercher ce dont il a besoin aussi bien l'hiver que l'été. Il ne sent pas au même degré la nécessité de prévoir. Il est de plus environné de nombreuses séductions et occasions de dépense, auxquelles il ne résiste pas toujours, et qui le détournent de l'épargne au détriment de son bien-être pour l'avenir. La prévoyance est chez lui une qualité acquise par la réflexion et la force de la volonté. Elle est plus méritoire, mais aussi elle est plus rare.

Les avances ou provisions nous servent encore à satisfaire nos besoins corporels pendant que nous employons notre temps à notre développement moral et intellectuel. Comment pourrons-nous nous reposer le dimanche, si nous n'avons pas mis de côté le montant de notre dépense pour ce jour-là ? Comment trouverons-nous le temps et le moyen de nous instruire, si nous n'avons pas fait d'économies ou si nos parents n'en ont pas fait pour nous ?

Un jeune homme songe à se marier, un père veut élever convenablement ses enfants : pourront-ils se procurer l'un le mobilier nécessaire pour entrer en ménage, l'autre les ressources nécessaires à l'éducation de ses enfants s'ils consomment au jour le jour le produit de leur travail ?

Ce sont là des besoins faciles à prévoir, et l'épargne nous donne seule le moyen de nous tirer honorablement d'affaire dans ces diverses circonstances de la vie.

8. Le capital n'est autre chose que l'épargne employée à rendre le travail plus productif. — L'épargne, sous une autre forme, nous procure aussi des instruments de travail ou perfectionne les instruments existants et assure par là un développement sans cesse plus large à la vie des sociétés humaines. L'épargne seule, en effet, nous permet d'obtenir des outils, des machines, en un mot les moyens qui rendent le travail plus productif.

On donne généralement le nom de *capital* aux produits de l'égargne employés de cette façon. Le mot de capital ou principal a été usité d'abord par les prêteurs de la monnaie destinée à servir d'instrument de travail. Ils distinguaient ainsi le *principal* de la dette, du loyer ou *intérêt* payé par l'emprunteur pour l'usage qu'il en fait. Dans le langage de l'économie politique on a étendu le sens du mot capital, et on l'a employé pour désigner toute espèce de produit, réservé par l'épargne, qui au lieu d'être consommé pour un usage individuel est employé à féconder le travail.

Il ne faut donc pas croire que le capital soit simplement une somme d'argent susceptible de rapporter un intérê, quand elle est louée à ceux qui en ont besoin. Le capital, c'est l'épargne transformée en instruments de production sous quelque forme qu'ils se présentent.

9. Différentes espèces de capitaux. — Les outils les plus élémentaires, comme la bêche, la hache, la charrue, sont des capitaux au même titre que l'argent monnayé, parce que pour les avoir il faut d'abord en épargner la valeur avant de pouvoir se les procurer pour augmenter le travail produit.

L'argent lui-même, sous le titre de capital, ne sert en définitive qu'à payer les salaires ou à acheter les outils et les matières premières qui, transformées par le travail de ces outils, deviendront des produits utiles, des marchandises.

La monnaie d'or et d'argent est donc, dans ce cas, une sorte d'instrument de production, et on a raison de l'appeler capital quand on l'emploie dans l'industrie ou l'agriculture. Mais son véritable rôle est plutôt de faciliter l'échange des capitaux, tout comme dans les usages ordinaires de la vie, elle sert à faciliter l'échange des marchandises.

Aussi est-elle devenue le moyen le plus habituel d'évaluer les capitaux, et on a fini par la considérer comme constituant à elle seule le capital. C'est une erreur du même genre que celle qui a été signalée à propos de la richesse.

La monnaie n'est pas tout le capital, pas plus qu'elle n'est toute la richesse d'un peuple. L'épargne dans son sens le plus large, comprenant les approvisionnements et les capitaux de quelque nature qu'ils soient, constitue vraiment la richesse des nations comme celle des individus. Par suite, le capitaliste n'est pas seulement celui qui possède une certaine somme d'argent ; ce sens est infiniment trop restreint. Tout homme qui arrive à posséder un instrument de travail, ne fût-ce qu'une hache comme le bûcheron, est un capitaliste. Son capital c'est son outil. Telle est la vraie acception du mot capital.

10. Les animaux font des provisions, ils n'ont pas de capitaux. — Il suit de ce qui précède que l'homme se distingue éminemment de l'animal par la formation du capital. Vous verrez en effet quelquefois des animaux amasser des provisions, comme les abeilles, les fourmis, etc., mais vous n'en verrez aucun se créer un outil, un instrument de travail ; aucun posséder des armes autres que celles que lui a données la nature.

On pourrait donc dire que l'homme est « un animal capable de devenir capitaliste ».

C'est à l'aide des capitaux produits du travail et de l'épargne que l'homme arrive à prendre possession du globe qu'il habite et à transformer pour son usage les matières minérales et les produits du sol. C'est grâce à eux qu'il a pu assujettir les animaux à son service et s'approprier les forces même de la nature comme la chaleur, la lumière, l'électricité, la puissance mécanique de l'eau ou du vent.

11. Résultat de l'épargne pour le bien-être d'un pays. — C'est enfin par l'épargne sous toutes ses formes que l'homme se procure les jouissances de la vie civilisée. Considérez une grande ville comme Paris ou Lyon. Pensez-vous qu'elle existerait sans les épargnes qu'ont faites les habitants qui nous ont précédés. Ce sont leurs économies et leurs efforts qui ont permis de construire des maisons en pierre, les monuments, les nombreuses et magnifiques églises qui font l'ornement des villes. Nous leur devons nos ponts, nos quais, le pavage de nos rues.

Nous jouissons donc des épargnes des Français qui vivaient il y a plusieurs siècles, et à notre tour, nous employons les nôtres à des travaux dont profiteront nos descendants. Nous leur laisserons des routes, des canaux, des chemins de fer, des usines à vapeur qui n'existaient pas jadis, et toutes ces richesses, si elles sont bien employées, auront pour effet de faciliter la production et de permettre un large développement de la population sans diminuer son bien-être matériel et moral.

12. La pratique de l'épargne est-elle difficile? —Vous le voyez, les avantages de l'épargne sont immenses. Sans elle, point de bonheur durable pour l'individu, point de prospérité réelle pour les peuples. Cette vertu si féconde est-elle difficile à pratiquer ? nullement. Elle exige seulement, comme toutes les vertus, un effort de notre part. Elle comporte l'idée que nous devons nous priver d'une jouissance momentanée en vue de l'avenir. Mais cette privation qui peut paraître pénible au premier abord, finit par ne plus coûter beaucoup de peine quand l'habitude en est prise. Ellle devient au contraire une source réelle de satisfactions, comme il arrive toutes les fois que nous avons rempli un devoir.

L'épargne d'ailleurs s'applique aux plus minces objets; elle finit par produire de grands résultats à l'aide de petits moyens, pourvu qu'ils soient employés avec per-sévérance. Elle est à la portée de tout le monde, et per-sonne ne doit s'en dispenser sous prétexte qu'on ne dis-pose pas de ressources suffisantes pour faire de grosses économies.

13. L'avare entasse et n'épargne pas. — Toute-fois, il ne faut pas oublier que c'est de son bon emploi que l'épargne, comme la richesse, tire tout de son mérite.

Il y a une manière d'économiser qui n'est pas une vertu ; bien plus le catéchisme nous apprend que c'est un péché capital. Je veux parler de l'avarice, c'est-à-dire de la passion qui nous conduit à entasser de l'argent pour le plaisir de le posséder.

L'économie politique, d'accord avec le cathéchisme, ne considère point l'avare comme faisant œuvre bonne, attendu que s'il économise et s'impose des privations, ce n'est pas dans un but utile, et l'épargne qui n'est pas destinée à être employée, à servir au développement de la vie de l'homme sur la terre, n'est pas véritablement l'épargne, pas plus que le mouvement de l'écureuil dans sa cage n'est du travail.

Ce n'est pas l'amour de la richesse qui doit nous inspirer l'habitude de l'économie : c'est le désir d'assurer notre existence et celle de notre famille ; c'est le désir d'être utile à l'humanité. Il est bien évident que ce n'est pas là ce que ce cherche l'avare, qui aime mieux mourir de faim que de toucher à son trésor.

14. Histoire de Benjamin Franklin. — Un des hommes les plus fréquemment cités comme exemple de ce que peut faire la pratique assidue de l'épargne entendue dans sa meilleure acception, c'est l'américain Benjamin Franklin.

Il vivait à la fin du siècle dernier : apprenti imprimeur pendant neuf ans, il n'avait que ses bras pour toute fortune, mais il était d'une grande application au travail et d'un bon sens remarquable. Grâce à sa bonne conduite, à son jugement droit, à son esprit d'économie, il devint un des plus riches négociants d'Amérique, un des citoyens les plus utiles à son pays, un homme célèbre dans le monde entier.

Franklin a écrit l'histoire de sa vie. Il a fait connaître les luttes qu'il a eu à soutenir contre la pauvreté, et les privations qu'il s'est imposées pour pouvoir étudier. Son père était fabricant de chandelles et avait dix-sept enfants. Benjamin Franklin ne fut envoyé à l'école que pendant un an.

Dès l'âge de dix ans il travaillait dans l'atelier de son père, ce qui ne l'empêcha pas de devenir un savant illustre (1).

Mais aussi il ne fit jamais la *saint Lundi* et longtemps il se contenta de boire de l'eau à ses repas ; ses camarades d'atelier l'appelaient l'*Américain aquatique*. Le premier levé et le dernier couché, il apportait un soin particulier à tout ce qu'il faisait, et ses patrons lui confiaient les tra- vaux les plus urgents et par suite les mieux payés. Grâce à ces habitudes laborieuses et aux économies qu'il avait lentement amassées, il put enfin monter une imprimerie pour son compte.

Il avait coutume de répéter : « Dépensez un sou de « moins que votre bénéfice net ; par là votre poche si « plate commencera à s'enfler et n'aura plus à crier que « son maître a le ventre vide. »

N'oubliez donc jamais d'économiser un sou quand vous le pourrez, puisque ce sou peut devenir le principe de votre fortune ; dans tous les cas il témoignera des bonnes habitudes d'épargne que vous avez prises.

---

(1) Franklin est l'inventeur du paratonnerre, destiné à garantir les bâti- ments des effets de la foudre.

QUESTIONNAIRE DE LA 3ᵉ LEÇON

1. Quel est le fait économique qui ressort de l'organisation sociale? — 2. Quels enseignements peut-on tirer de l'histoire de Robinson Crusoé? — 3. Signalez les avantages de la division du travail. — 4. L'homme qui travaille peut-il produire plus qu'il ne consomme ? — 5. Définissez l'épargne. — 6. Quelle est la source et quel est le but de l'épargne? — 7. Le travail et l'épargne sont les deux fondements de la vie sociale. Pourquoi? — 8. L'épargne est une assurance contre les risques de l'avenir. — 9. Quels services la prévoyance rend-elle aux hommes? — 10. A quoi servent les provisions? — 11. Signalez quelques causes de chômage. — 12. Indiquez ce qu'enseigne la raison à propos de l'épargne. — 13. L'observation de la nature fournit-elle des motifs d'être économe? — 14. Démontrez comment l'épargne devient capital.— 15. Signalez quelques-unes des formes que revêt le capital. — 16. Pourquoi les animaux n'ont-ils que des provisions sans avoir jamais de capitaux ? — 17. L'épargne individuelle a-t-elle une influence sur le bien-être d'un pays? — 18. La pratique de l'épargne est-elle difficile? — 19. L'avare épargne-t-il? Quel est son tort? — 20. Empruntez à la biographie de Franklin la confirmation des vérités qui précèdent.

SUJETS DE DEVOIRS

1. Indiquez ce que l'ouvrier doit faire de son salaire et motivez votre opinion.
2. Quel est le but et quels doivent être les résultats des études dans les écoles?
3. Expliquez la nature, la puissance, les bienfaits de l'épargne.
4. Définissez le capital et montrez sa puissance dans le monde.
5. Dans quel but le travail et le capital soumettent-ils les forces de la nature?
6. Quels sont les animaux qui épargnent pour l'avenir et que font-ils du fruit de leurs épargnes?

QUATRIEME LEÇON

INSTITUTIONS

DESTINÉES A FACILITER LE BON EMPLOI DE L'ÉPARGNE

1. Circonstances de la vie où l'épargne est particulièrement nécessaire. — 2. La conservation de l'épargne est aussi indispensable que sa formation. — 3. Institution des caisses d'épargne. — 4. Profit assuré par la caisse d'épargne. — 5. Institution des sociétés de secours mutuels. — 6. Avantages et devoirs des sociétaires. — 7. Effets des sociétés de secours mutuels au point de vue moral. — 8. Institution de la caisse des retraites pour la vieillesse. — 9. Mode de fonctionnement de cette institution. — 10. Avantages de la caisse des retraites. — 11. Assurances sur la vie. — 12. Mode de fonctionnement des assurances sur la vie. — 13. Assurances contre l'incendie. — 14. Il n'y a point d'assurances contre les suites de l'inconduite.

1. Circonstances de la vie où l'épargne est particulièrement nécessaire. — Nous avons dit précédemment que nos besoins non plus que nos ressources ne sont pas les mêmes à toutes les saisons de l'année ni à toutes les époques de la vie. A l'été succède l'hiver ; après la santé vient la maladie. Après l'âge mûr arrive la vieillesse avec ses infirmités. Nos besoins augmentent alors, et en même temps nos moyens de les satisfaire diminuent : si donc, pendant les périodes d'aisance nous n'avons pas prévu ces moments difficiles, si nous n'avons pas amassé de provisions, si nous n'avons pas fait d'économies, nous sommes condamnés à souffrir.

De plus, certaines industries et certaines professions ont des périodes de chômage plus ou moins longues et plus ou moins régulières. Les chômages naturels, qui sont attendus, ne sont pas les plus pénibles ; mais il se produit malheureusement d'assez fréquentes interruptions de travail le plus souvent imprévues, dues aux crises commerciales. La vigilance, la prudence des industriels peuvent diminuer l'intensité du mal; elles ne réussissent pas toujours à l'empêcher de porter une profonde atteinte aux moyens d'existence des familles d'ouvriers. Nous en avons acquis la preuve à nos dépens pendant la guerre de la sécession en Amérique, en 1861. Cette lutte, engagée à propos de l'esclavage entre les États du Nord et ceux du Sud, arrêta pendant plusieurs années l'exportation des cotons, et produisit en Europe une crise terrible dans toutes les industries qui travaillent cette matière, crise dont le contre-coup fut ressenti par beaucoup d'autres industries. Le chômage a frappé cruellement et longtemps un grand nombre de familles, sans qu'il y eût de leur faute, ni de celle de leurs compatriotes. C'était une conséquence de la solidarité qui lie forcément entre elles toutes les nations civilisées.

Enfin nous sommes exposés à un grand nombre de fléaux naturels tels que les incendies, les orages, la grêle, les inondations, qui viennent souvent détruire en un instant les produits de notre travail. Celui qui n'a rien mis de côté pour parer à ces fâcheuses éventualités peut se trouver tout à coup privé de ses moyens d'existence.

Tout homme raisonnable doit donc épargner. C'est une nécessité imposée par notre nature, par les conditions de l'existence des sociétés humaines, et personne n'est excusable de se laisser prendre au dépourvu.

Mais l'épargne est parfois plus difficile à conserver qu'à réaliser quand une fois l'habitude en est prise ; aussi, pour en faciliter la pratique et pour assurer le bon emploi des sommes épargnées, a-t-on créé diverses institutions très ingénieuses, que nous allons passer en revue. Elles assurent la conservation et l'augmentation des économies individuelles ; en groupant et dirigeant vers un même but les efforts d'un grand nombre d'hommes, solidaires les uns des autres, elles augmentent la puissance que possède l'épargne pour remédier aux maux auxquels nous sommes exposés.

2. La conservation de l'épargne est aussi utile que sa création. — Épargner ne suffit pas en effet; il faut encore prendre les mesures nécessaires pour conserver le produit de nos économies, afin de les avoir à notre disposition au moment voulu.

Vous avez entendu raconter peut-être les mésaventures trop fréquentes de bonnes ménagères qui ayant, à force de privations, économisé une petite somme la cachent dans leur paillasse ou au fond d'une armoire. Un jour un voleur survient et ces pauvres femmes sont privées du fruit de leurs peines. Quelquefois c'est un incendie qui fait disparaître le petit trésor, si laborieusement amassé. Enfin, et c'est là peut-être le plus grand danger, quand on a de l'argent sous la main on est tenté de le dépenser sans y avoir suffisamment réfléchi. On se laisse aller à satisfaire des fantaisies coûteuses ou à acheter des objets utiles, si l'on veut, mais pas absolument indispensables.

Les économies, si on les garde chez soi, sont donc exposées à être perdues sans retour ou dissipées sans profit réel. Comment remédier à ce grave inconvénient?

3. Institution des Caisses d'épargne. — Des hommes intelligents, désireux d'être utiles à leurs semblables, ont eu l'idée de recourir à l'association pour délivrer chacun d'eux du soin d'avoir un coffre-fort à l'abri des voleurs ou de l'incendie. Ils ont proposé à tous ceux qui épargnent de déposer leurs économies dans une même caisse et ont offert de se charger de l'administration de cette caisse, qui a été appelée *Caisse d'épargne.*

Un compte exact est tenu des sommes versées; et elles sont toujours à la disposition du possesseur, qui peut en réclamer tout ou partie suivant ses besoins. Un livret qui reste entre ses mains constate régulièrement et à sa date ce qui a été déposé et ce qui a été retiré.

De cette façon il n'y a plus à craindre d'accidents d'aucune espèce. Le gouvernement lui-même a pris les caisses d'épargne sous son patronage, tant leurs avantages lui ont paru importants.

Notre argent est ainsi en sûreté contre nous-mêmes. Tant que nous l'avons sous la main, nous pouvons le dépenser sous le moindre prétexte. Cela peut arriver même quand nous le confions à une tirelire, ce qui vaut mieux cependant que de le garder dans sa poche. Mais il est si facile de briser trop tôt ou mal à propos la tirelire!

Il n'en est pas ainsi de la caisse d'épargne. On ne la brise pas à volonté. Pour en retirer une somme, si petite qu'elle soit, il faut la demander huit jours d'avance. Il faut donc y réfléchir d'abord, il faut ensuite se déranger une seconde fois pour aller la chercher. On ne le fera que pour des motifs sérieux. C'est donc une nouvelle garantie ajoutée aux autres pour la conservation de l'épargne.

4. Profit assuré par la caisse d'épargne. — A ces avantages la caisse d'épargne joint encore celui d'assurer un petit profit. Les sommes parfois très minimes (il est permis de ne déposer qu'un franc) versées par un grand nombre de personnes, finissent par former un capital suffisant pour être placé à intérêts. Le produit en est réparti entre les déposants, dont il grossit l'apport. Le taux de cet intérêt est en général de 3 à 4 % de la somme inscrite sur le livret délivré à chacun des clients de la caisse d'épargne.

Tel est le mécanisme de cette utile institution. Si vous n'y avez pas encore de livret, demandez-en un le jour où vous pourrez faire, sur votre salaire, une économie si mince qu'elle soit, et vous le pourrez quand vous le voudrez.

Le plus difficile est de commencer, car il semble que la caisse d'épargne ait cette vertu singulière qu'elle inspire d'elle-même le goût de l'économie. Il suffit d'y avoir déposé une petite somme pour être pris du désir de la voir augmenter. C'est un sentiment naturel entièrement louable. Mais bien entendu l'argent déposé à la caisse d'épargne ne ressemble pas au trésor de l'avare. Il est destiné à nous procurer des ressources dans les circonstances critiques de la vie. Il devra nous servir un jour à l'entretien des vieux parents, à l'éducation des enfants, à la satisfaction des besoins intellectuels et moraux, s'il n'est pas absorbé par les accidents tels que chômages imprévus, maladies, etc.

5. Institution des sociétés de Secours mutuel. — Toutefois quand il ne s'agit que de parer aux fâcheuses conséquences des maladies, une autre institution permet de tirer un excellent parti des petites épargnes individuelles. Je veux parler des *sociétés de secours mutuel,* dont la caisse est alimentée par le versement d'une somme prélevée sur le produit du travail de chacun des membres de la société.

Le trésorier perçoit cette somme chaque mois sous le nom de cotisation; mais, à l'inverse du directeur de la caisse d'épargne, il ne fait aucun remboursement. Les sommes versées par tous les sociétaires sont employées au profit de ceux d'entre eux qui viennent à tomber malades. Elles servent à payer le médecin qui les visite, à acheter les médicaments qu'il prescrit, et à allouer aux malades eux-mêmes une indemnité pécuniaire pour chaque jour de chômage où le salaire ordinaire lui fait défaut.

C'est en réalité le sociétaire lui-même qui à l'aide de ses économies paie son médecin et ses remèdes. Il retrouve le montant de sa demi-journée de travail comme dans une tirelire qu'il aurait eu soin de garnir d'avance. Seulement ici la tirelire c'est la caisse de la société de secours mutuel à laquelle il s'est affilié. Ce n'est pas un cadeau qu'on lui fait, c'est le produit d'un prélèvement fait sur ses épargnes ou sur les épargnes communes dans une proportion déterminée par le règlement.

Celui qui a le bonheur de n'être pas malade, aide de ses épargnes ceux qui ont une santé moins solide ou ceux que des accidents ont mis hors d'état de travailler, et qui, sans l'intervention de la Société, auraient été exposés à tomber dans un dénuement absolu. Les membres d'une même société font ainsi les uns, à l'égard des autres, véritable œuvre de fraternité, et c'est avec raison que le sociétaires se donnent le nom de confrères.

6. Avantages et devoirs des sociétaires. — Dès qu'un membre est inscrit sur les listes d'une société, il jouit immédiatement des avantages assurés à tous les membres, même les plus anciens. C'est là une des particularités de cette institution. Quoique la part du nouveau venu dans les versements soit encore insignifiante, il peut recevoir autant que ses confrères qui auront fourni de nombreuses cotisations. Les autres sociétaires ont épargné pour lui et l'association compte que lui même restituera plus tard l'avance qui lui a été faite.

Car ne vous y trompez pas, la société de secours mutuel ne crée pas les ressources dont elle dispose en faveur de ses membres. Elles ne lui tombent pas du ciel ; elles sont uniquement le produit de l'épargne. Aussi est-ce un devoir pour eux d'acquitter avec une scrupuleuse exactitude leurs cotisations, et de se rendre avec assiduité aux réunions où se discutent les intérêts communs, car il s'agit là d'administrer leur bien, le fruit de leur travail et les ressources qu'ils se préparent pour l'avenir. Pour le même motif chaque sociétaire doit s'appliquer à diminuer les charges de la caisse commune ; et surtout ne jamais chercher à se faire allouer à l'aide de procédés toujours blâmables, une indemnité plus forte que ne le comporte le règlement.

Agir autrement, serait s'exposer à mettre la caisse commune dans l'impossibilité de donner à d'autres malades les secours auxquels ils ont droit. Tout abus de ce genre est un acte déloyal, un véritable vol. Les sociétés de secours mutuel sont faites pour les hommes laborieux, pour les honnêtes pères de famille ; les paresseux, les gens peu scrupuleux doivent en être exclus.

7. Effets des sociétés de secours mutuel au au point de vue moral. — On a constaté à Paris que, dans les sociétés de secours mutuel où elles sont admises, les femmes sont aussi nombreuses que les hommes. Ce fait témoigne en faveur de leur esprit de prévoyance. La participation des femmes aux avantages des sociétés de secours mutuel est de toute justice. Elles sont exposées aux maladies aussi bien que les hommes et les conséquences en sont peut-être plus pénibles pour elles. On ne saurait donc trop recommander aux sociétés de ce genre une organisation telle, qu'elle puisse permettre l'admission des femmes. C'est un moyen de resserrer les liens de la famille. Le mari et la femme s'intéressent au même titre à la prospérité de leur société. Ils se rendent ensemble aux mêmes réunions. Rien n'importe plus au bonheur d'un peuple que ce qui contribue à maintenir l'union dans les ménages. C'est un des résultats que peuvent obtenir les sociétés de secours mutuel, si elles comprennent bien leur mission.

Ces associations ne se contentent pas d'ailleurs d'offrir aux malades un secours matériel. D'après leurs règlements les confrères doivent se visiter entre eux ; or, visiter un malade c'est ordinairement lui rendre un grand service, c'est soulager l'ennui dont il souffre dans son inaction, c'est apporter un véritable adoucissement à ses souffrances physiques et morales. En se voyant, les différents membres apprennent à se connaître et à s'estimer. Ils cherchent désormais les occasions de s'entr'aider et y réussissent souvent. Enfin, quand l'un d'eux vient à mourir, les autres l'accompagnent à sa dernière demeure. Ils vont prier sur sa tombe pour l'âme du défunt, avec la confiance que plus tard les mêmes honneurs et les mêmes devoirs pieux leur seront rendus (1).

(1) Une preuve des avantages des sociétés de secours mutuel c'est leur rapide extension. — Au 1er janvier 1869 il y avait en France plus de 6,000 sociétés comptant près de 800,000 membres actifs et plus de 100,000 membres honoraires, alors qu'en 1852 il n'y avait que 2,500 sociétés avec 300,000 membres.

L'avoir général de ces sociétés était de 50 millions de francs. Les

8. Caisses de retraite pour la vieillesse. — Les sociétés de secours mutuel doivent borner leur rôle à assurer contre les maladies accidentelles. Elles ne peuvent se charger de donner des retraites à ceux des sociétaires que l'âge ou les infirmités mettent dans l'impossibilité de continuer à travailler.

Tous les membres d'une même société ne tombent jamais malades à la fois ; la caisse paie tantôt pour les uns tantôt pour les autres, et de cette façon, avec de minimes cotisations elle peut suffire à tous les besoins. Il n'en serait plus de même s'il s'agissait de fournir des pensions de retraite. Un grand nombre de sociétaires pourraient en réclamer en même temps, beaucoup pourraient en profiter longtemps, car la vieillesse est une maladie parfois longue, et dont on ne guérit pas. Les charges deviendraient alors excessives, la caisse se viderait bientôt, et la société ne pourrait plus remplir ses engagements vis-à-vis de ses malades, ou vis-à-vis de ses retraités.

Cependant la vieillesse est une époque pénible pour celui qui n'a aucune ressource. Les cheveux blancs sont le signe de la sagesse et de l'expérience, il ne faut pas laisser ceux qui les portent exposés à de cruelles souffrances sans aucun moyen d'y remédier. Souvent, dans le cours d'une longue vie, un père de famille a dû sacrifier toutes ses ressources à l'instruction et à l'éducation de ses enfants ; des circonstances difficiles l'ont forcé à épuiser les économies déposées à la caisse d'épargne en des temps meilleurs. Comment vivra-t-il lorsque ses bras affaiblis par l'âge ne pourront plus fournir le travail

recettes pour l'année 1868 s'étaient élevées à 15 millions de francs, soit près de 19 fr. par sociétaire et par an, ou 1 fr. 60 par mois en moyenne.

Au 1er janvier 1883, le nombre des sociétés était de 7,279, comptant 163,500 membres honoraires et 988,700 membres actifs, dont 156,500 femmes. L'avoir de ces sociétés était de 107 millions de francs. Les recettes de l'année 1882 se sont élevées à 22 millions 800,000 francs et les dépenses à 20 millions 100,000 francs. Le nombre des membres qui ont participé aux secours a été de 246,000, soit 25 pour cent du nombre des membres actifs.

accoutumé. Devra-t-il recourir à la charité publique et ajouter l'humiliation à d'inévitables privations? Non, il peut épargner ces maux à sa vieillesse en déposant chaque année une petite somme à une caisse spéciale instituée par le gouvernement et appelée caisse de la vieillesse.

9. Mode de fonctionnement de la caisse de la vieillesse. — Le gouvernement s'est chargé de la tâche que les sociétés de secours mutuel eussent été impuissantes à accomplir parce qu'elle entraîne une gestion de fonds considérables et une très grande responsabilité. Il reçoit les cotisations de quiconque veut s'assurer une retraite pour ses vieux jours, et il paie jusqu'à sa mort, à celui qui atteint un âge déterminé, une pension calculée en raison des sommes versées chaque année par le déposant et en raison de l'âge auquel il a commencé à faire ses versements.

Ceux qui meurent avant d'avoir atteint l'âge de la retraite, paient pour ceux qui vivent plus longtemps. La part de ces derniers est grossie d'autant. Sans cela l'association serait inutile et la caisse de la vieillesse ne serait autre chose que la caisse d'épargne. La solidarité qui existe entre tous les déposants constitue l'avantage spécial de la caisse de la vieillesse, et fait que chacun des retraités peut recevoir une pension supérieure à celle que lui auraient assurée ses économies personnelles; mais, comme tous les avantages en ce monde, il s'achète au prix d'un sacrifice. Ici le sacrifice est, en cas de mort prématurée, l'abandon des sommes déposées.

10. Avantages de la caisse des retraites. — Pour s'assurer à 60 ans une retraite de 1 franc par jour ou 365 francs par an il suffit d'un versement annuel de :

20 fr. 80 si le déposant commence à 20 ans.
39 fr. 87   —   —   à 30 ans.
84 fr. 68   —   —   à 40 ans.

Vous voyez combien il est important de commencer

de bonne heure à verser ses épargnes à la caisse de la vieillesse (1).

Cette caisse est organisée de la manière la plus libérale. On peut faire plusieurs versements dans une même année, si les affaires vont bien; on peut les diminuer, les suspendre même, si les affaires vont mal. Chaque somme déposée, fût-elle seulement de 5 francs, est inscrite sur le livret du déposant et lui donne droit à un chiffre de pension fixé par le tarif.

Le livret est personnel. On conserve ses droits partout où on va en France. On peut continuer ses versements et plus tard toucher sa pension dans n'importe quelle ville. Il n'en est pas de même en général des sociétés de secours mutuel; elles ne contractent aucune obligation envers les membres qui ont quitté la ville où elles sont établies.

11. Assurances sur la vie. — La mort vient à tout âge, et souvent elle arrive plus tôt qu'on ne le pense. La société de secours mutuel soigne ses confrères pendant leur dernière maladie, elle leur rend ensuite les derniers honneurs. Mais sa bourse est fermée pour les familles de ceux qui sont morts.

De son côté la caisse des retraites dit : « J'ai compté sur leur décès probable pour augmenter les pensions de ceux qui survivent. S'ils n'étaient pas morts, je serais fort embarrassée pour tenir mes engagements. Je n'ai rien à rembourser, ce sont les termes mêmes du contrat. »

Seule, la caisse d'épargne rend le dépôt qui lui a été confié. Si le défunt a été prévoyant, et s'il a une femme et des enfants, il leur laissera donc la modique ressource de 1,000 francs au plus, au moment où la famille privée de son chef et des produits de son travail va se trouver dans une situation difficile.

On a cherché à y remédier par une autre forme de l'emploi de l'épargne et à l'aide d'une association d'une

(1) Les tarifs peuvent varier avec le taux d'intérêt alloué aux déposants. Ce taux, fixé par la loi d'abord à 5 pour cent, a été réduit à 4 1/2 en 1853, puis ramené à 5 pour cent en 1872.

Les chiffres ci-dessus ont été calculés sur le taux de 4 1/2 pour cent.

nature particulière qu'on appelle la société d'assurances sur la vie.

L'assurance sur la vie demande, comme la caisse de la vieillesse, le versement annuel d'une somme déterminée, mais avec cette différence que ce n'est pas au déposant pendant sa vie qu'elle paie le prix convenu, mais à sa famille lorsqu'il vient à mourir.

Si par exemple à partir de l'âge de 20 ans il verse chaque année 60 francs, sa famille recevra 1000 francs le lendemain de sa mort. Peu importe qu'il meure à 21 ans, qu'il ait payé seulement une fois ou deux cette somme de 60 francs, qui s'appelle la prime ; sa famille a droit immédiatement au montant intégral de son assurance.

12. Mode de fonctionnement des assurances sur la vie. — Le mécanisme de cette institution est analogue à celui de la caisse des retraites. Ceux qui vivent longtemps versent beaucoup de primes avant de rien coûter à la caisse de l'association. Ils grossissent ainsi la part des héritiers de ceux qui meurent jeunes. Et c'est en somme fort juste : ceux qui continuent à vivre peuvent assurer par leur travail les ressources nécessaires à leurs familles, tandis que celles des décédés peuvent tomber dans la gêne, si on ne leur procure aide et secours.

Vous comprenez aisément les avantages des assurances sur la vie, et cependant il y a en France bien peu de personnes qui y aient recours. C'est peut-être par ignorance, peut-être aussi parce que ce genre d'épargne exige un désintéressement absolu. En contractant une assurance sur la vie, nous avons uniquement en vue le bonheur des autres et non point la satisfaction de nos propres besoins. Nous épargnons pour nos héritiers et non pour nous. Nous créons des ressources qui ne seront réalisables que le jour où nous ne serons plus de ce monde. Il faut pour cela le désintéressement uni à l'intelligence et à l'énergie de caractère. Il serait désirable de voir les Français comprendre et pratiquer davantage ce mode d'épargne.

Aux Etats-Unis et en Angleterre il est très apprécié, et le gouvernement Anglais à pris des mesures spéciales pour faciliter les assurances sur la vie et les mettre à la portée des plus petites bourses. C'est un mode d'épargne qui devrait être très répandu. On s'assure volontiers contre l'incendie ; cependant toutes les maisons ne brûlent pas, et on oublie de s'assurer contre la mort, ou plutôt contre les conséquences de la mort, qui nous touchent bien plus, puisque tout le monde meurt. L'ignorance où nous sommes parfois de nos véritables intérêts peut seule expliquer cette contradiction.

13. Assurances contre l'incendie. — Parmi les accidents qui menacent de détruire nos ressources, j'ai cité les incendies. C'est un accident malheureusement fréquent, Vous avez entendu quelquefois crier « au feu ! » Vous avez vu quel effroi ce cri répand dans tout un quartier. C'est que le feu peut consumer en quelques instants le produit de longues années de labeur. L'habitation, les vêtements, les outils, tout est détruit, et l'incendié qui la veille était dans l'aisance, peut le lendemain se trouver dans le dénuement.

Aussi vous avez remarqué avec quel empressement chacun s'élance au secours des incendiés, avec quel zèle on essaie d'arrêter les progrès du feu. On réussit à diminuer les dégâts, ou à préserver les maisons voisines, mais le mal est toujours plus ou moins grand.

Or ce mal, l'association, sous la forme d'assurance contre l'incendie, est le meilleur moyen de le réparer. Voici comment : Un certain nombre de propriétaires conviennent de mettre de côté chaque année une petite somme, proportionnelle à la valeur de ce qu'ils veulent assurer. Ces sommes versées dans la caisse de l'association serviront à rembourser à ceux d'entre eux qui seront atteints par le feu, la valeur de leur maison ou de leur mobilier brûlé. C'est une véritable société de secours mutuel, qui préserve d'une ruine complète le sociétaire victime d'un malheur qu'il a été impuissant à prévenir.

Celui qui n'est pas incendié contribue à aider les autres

du produit de ses économies. Avec sa prime annuelle, il achète la tranquillité d'esprit, la sécurité ; il sait que si le fléau vient le frapper à son tour, il trouvera dans la caisse de la société d'assurances de quoi l'indemniser de ses pertes. N'est-ce pas déjà beaucoup que d'être sans inquiétudes pour l'avenir ?

14. Il n'y a pas d'assurance contre les suites de l'inconduite. — Si vous consacrez vos économies aux excellentes institutions dont je viens de vous entretenir, vous ne craindrez ni les chômages, ni les accidents, ni la maladie, ni la vieillesse ; vous verrez arriver la mort sans craindre qu'elle ait des suites funestes pour votre famille. L'association par sa puissance féconde vous garantira de tous les malheurs indépendants de votre volonté.

Mais contre les maux provenant de l'intempérance ou de la mauvaise conduite, il n'y a pas de préservatif possible. Nos penchants mauvais, si nous nous y livrons sans résistance, peuvent nous entraîner bien loin, et les besoins qu'ils font naître peuvent dépasser toute mesure. La souffrance et les maladies causées par les excès viennent seules nous arrêter dans cette voie funeste, si l'énergie morale n'y suffit pas.

La caisse d'une société qui se proposerait de protéger contre ces souffrances salutaires serait promptement vide, si tant est qu'elle pût se créer, et l'association ne serait pas longtemps efficace. Figurez-vous une société de secours mutuel ayant pour but de payer une indemnité aux ivrognes pour les jours où ils se seraient mis hors d'état de travailler ; jugez si l'ivrogne travaillerait jamais ! Mais alors qui fournirait les cotisations à la caisse ?

Nous sommes des créatures libres, nous sommes donc responsables de notre conduite, et il est nécessaire que nous en supportions les conséquences, heureuses si nous nous comportons bien, douloureuses si nous ne suivons pas la ligne du devoir.

Questionnaire de la 4ᵉ Leçon

1. Quelles sont les causes naturelles qui empêchent l'homme de se procurer des moyens d'existence ou qui détruisent ceux qu'il a préparés ? Y a-t-il des causes imprévues et d'autres que l'on peut prévoir ? — 2. Suffit-il d'avoir épargné pour être sûr de l'avenir ? Quels sont les dangers qui menacent l'épargne déjà réalisée ? — 3. Quels sont les moyens de la conserver ? Comment fonctionne la caisse d'épargne ? Les formalités imposées pour le remboursement ont-elles un résultat utile ? — 4. A quoi doit être destiné l'argent que nous avons déposé à la caisse d'épargne. — 5. Organisation des sociétés de secours mutuel. D'où leur viennent les ressources dont elles disposent ? — 6. Avantages matériels des sociétés de secours mutuel. Devoirs des sociétaires. — 7. Avantages moraux des sociétés de secours mutuel. Les femmes peuvent-elles y être admises ? — 8. Les sociétés de secours mutuel doivent-elles assurer des pensions de retraite aux vieillards ? — 9. Moyen de s'assurer une retraite. La caisse des retraites pour la vieillesse. Qu'est-ce qui la distingue de la caisse d'épargne ? — 10. Fonctionnement de la caisse des retraites. — 11. — Est-il utile de penser à la mort et de se créer des ressources spéciales pour ce moment-là ? — 12. Fonctionnement des assurances sur la vie. Quel est le caractère moral d'une pareille assurance ? — 13. Malheurs causés par l'incendie et moyens d'y remédier. Que font les sociétés d'assurances contre l'incendie ? — 14. L'association peut-elle garantir contre les suites de l'intempérance ? Quel est le rôle de la souffrance sur la terre ?

SUJETS DE DEVOIRS

1. Formulez quelques conseils à un jeune homme qui gagne déjà sa vie, et qui veut se mettre à l'abri des accidents qui menacent tout le monde.

2. Donnez quelques règles à suivre pour la conservation de l'épargne.
3. Calculez ce que les sociétés de secours mutuels ont reçu de chacun des membres actifs ou honoraires en 1882 et la somme dépensée en moyenne pour chaque membre secouru.
4. La meilleure assurance, celle qui conduit sûrement à toutes les autres, est une conduite morale irréprochable.
5. Expliquez le rôle de la souffrance en ce monde, et dans quelle mesure il dépend de nous d'y porter remède.

3.

CINQUIÈME LEÇON

EXEMPLES DE RÉSULTATS OBTENUS
A L'AIDE DE L'ÉPARGNE

1. Utilité des exemples pour exciter à la pratique de l'épargne. — Je vous ai montré que l'homme, pour atteindre son développement physique et moral, était obligé de travailler. Je vous ai dit ce qu'est l'épargne, comment elle assure la conservation et la dignité de la vie, en nous mettant à l'abri des incertitudes de l'avenir, en nous permettant de réparer les conséquences des maux que nous ne pouvons éviter ; comment, en créant le capital, elle féconde le travail, et amène une amélioration constante dans le bien-être des individus et dans les conditions d'existence de l'humanité.

On ne saurait trop insister sur la nécessité de l'épargne, condition première de toute civilisation et première vertu à recommander à ceux qui vivent de leur travail journalier. Rien, mieux que des exemples, ne peut faire apprécier les effets de cette excellente pratique pour le bien-être et le bonheur des familles. Vous avez certainement lu la vie de quelques hommes qui, partis des derniers rangs de la société, ont su, par une énergie exceptionnelle, et par l'amour de l'épargne, joints à une grande intelligence, parvenir à la fortune et à de hautes situations. Vous connaissez les noms de Richard Lenoir, de James Watt, de Georges Stephenson, de Benjamin Francklin et de bien d'autres encore.

2. Exemples choisis parmi des ouvriers Européens. — Ce sont là d'illustres modèles auxquels il est encourageant sans doute de se reporter de temps en temps. Cependant nous ne saurions, sans grande présomption, nous flatter d'être tous doués d'aussi remarquables facultés, ni d'être secondés un jour par des circonstances aussi favorables. Mais, sans aspirer à d'aussi brillantes destinées, nous pouvons tous avoir la louable ambition d'élever honorablement notre famille, d'améliorer sans cesse notre situation, d'arriver à une honnête aisance, qui nous préserve, nous et les nôtres, de tout souci pour l'avenir. Aussi je voudrais prendre quelques exemples de familles placées dans des conditions que nous avons journellement sous les yeux, de façon à bien vous faire voir ce que peut l'épargne, même dans les professions les plus modestes, et à ne laisser aucune excuse à ceux qui, par insouciance, paresse ou inconduite, se privent volontairement de pareils avantages.

Un savant économiste, en même temps qu'un ingénieur distingué, M. Le Play, a étudié avec soin la vie des ouvriers qu'il a visités dans ses nombreux voyages, et il a fait connaître les détails de leur existence dans un livre précieux intitulé « *les Ouvriers européens* » (1). C'est

---

(1) *Les Ouvriers européens*, études sur les travaux, la vie domestique et les conditions morales des populations ouvrières de l'Europe, par M. Le Play ingénieur en chef des mines. — Paris 1855.

là que je vais puiser les preuves de cette vérité qu'on ne saurait trop répéter : L'épargne seule assure le bien-être et l'indépendance, et aucune organisation sociale ne saurait les procurer à l'ouvrier imprévoyant. Les institutions de prévoyance peuvent faciliter l'épargne et en accroître les effets ; elles ne sauraient y suppléer.

3. Un fondeur économe de la Prusse rhénane. —

Voici d'abord un ouvrier fondeur d'une forge du Huns-drück, sur les bords du Rhin, à 12 kilomètres de Coblentz.

Son père, pauvre journalier, n'avait guère que des dettes. A l'âge de 7 ans, le fils fut placé dans une fonderie, et à 15 ans, fort et robuste, il jouissait déjà du salaire qu'il a conservé depuis. Après la mort de son père, il devint le principal soutien de sa mère et de ses quatre frères et sœurs. Jusqu'à l'âge de 27 ans, il remit toujours à sa mère la totalité de son salaire. A l'époque de son mariage il ne possédait que ses habits de noces ; plus tard, une fois marié, il vint encore au secours de sa mère toutes les fois qu'elle en eut besoin.

Cependant grâce à sa bonne conduite, à sa stricte économie et à celle de sa femme, il était dans l'aisance vingt ans plus tard. Avec un salaire modique, à peine 1200 francs par an, il avait réussi à élever une nombreuse famille et il possédait des propriétés estimées 2,650 francs.

Cette famille, dit M. Le Play, doit à ses habitudes laborieuses et à sa tempérance l'heureuse condition à laquelle elle est peu à peu parvenue. Tous ses membres pratiquent leurs devoirs religieux et se distinguent par leurs bonnes mœurs. Les épargnes au moyen desquelles leurs propriétés ont été acquises, s'accroissent d'année en année, et les deux époux posséderont sans aucun doute, si Dieu leur prête vie, les ressources nécessaires à leur vieillesse.

Ces précieux résultats sont dus en grande partie à l'influence prépondérante que la femme, douée d'une énergie remarquable, exerce dans la direction des affaires de la famille.

Née dans un village voisin, de parents pauvres qu'elle avait perdus à l'âge de 10 ans, elle était entrée en condition chez un artisan, puis chez un propriétaire cultivateur, où elle recevait outre sa nourriture, des gages portés graduellement de 22 fr. 5o à 27 fr. 5o par mois. Économe et prévoyante, elle avait réussi, à 23 ans date de son mariage, à accumuler un petit capital de 262 fr. 5o, et, 18 ans plus tard, elle montrait avec fierté les résultats de son activité et de ses épargnes. Elle habitait avec son mari une maison qui leur appartenait ; leurs enfants robustes et bien élevés faisaient leur orgueil et leur joie. Satisfaits de leur sort, parce qu'ils avaient la conscience d'avoir rempli leurs devoirs, ils pouvaient envisager l'avenir sans crainte.

4. Un armurier imprévoyant de la Prusse rhénane. — Cette aisance est uniquement le résultat des efforts individuels, nous allons nous en assurer en visitant un autre ouvrier de la même contrée, un armurier de Solingen, petite ville située entre Cologne et Elberfeld.

Cet ouvrier, âgé de 5o ans, a 5 enfants. Il se trouve à peu près dans les mêmes conditions que le fondeur du Hunsdrück, mais il reçoit un salaire plus élevé. Cependant c'est à peine s'il a su prélever sur ses gains les sommes nécessaires à l'achat des outils de sa profession, parce que le penchant à la bonne chère et le goût funeste des boissons fermentées sont ses défauts dominants.

Aussi, tandis que la famille du Hunsdrück suffit à ses besoins avec 1200 francs, celle de Solingen ne dépense pas moins de 23oo francs par an. Grâce à son habileté, cet armurier aurait pu aisément s'élever au rang de fabricant, s'il eût été doué de prévoyance, et s'il eût pratiqué la sobriété. Au lieu de cela, il tombera certainement à la charge de ses enfants, quand l'âge l'aura rendu incapable de travailler.

Ces habitudes dispendieuses sont malheureusement celles de la majorité des habitants de Solingen. On y remarque, ce qui arrive trop souvent aussi ailleurs, que les ouvriers les plus dissolus appartiennent à la catégorie dont les salaires sont les plus élevés. C'est en général parmi les ouvriers recevant un salaire moyen que se trouvent les plus tempérants et les mieux préparés à s'élever progressivement par l'épargne à la condition de fabricants et de négociants.

L'usage presque continuel du tabac à fumer, et l'habitude de boire de l'eau-de-vie le matin et le soir, sont les distractions les plus avidement recherchées dans ce pays. L'armurier de Solingen consomme chaque jour 67 grammes de tabac et 1/7 de litre d'eau-de-vie. Ces dépenses inutiles, pour ne pas dire nuisibles, ne figurent pas pour moins de 350 francs dans le budget de la famille. Le fondeur de Hunsdrück ne dépense pas plus de 27 francs pour les mêmes objets. Si l'armurier et ses enfants avaient été élevés à connaître le prix de l'épargne, ils auraient trouvé des satisfactions beaucoup plus réelles et plus durables en renonçant à ces habitudes coûteuses, ce qui leur eût permis d'économiser 300 fr. par an.

5. Un mineur de l'Andalousie. — Transportons-nous en Espagne, dans la riante Andalousie, et faisons-y connaissance d'un ouvrier employé dans les mines de houille de Villanuova, à 50 kilomètres de Séville.

Cet ouvrier mineur, âgé de 30 ans seulement, est marié et père de trois enfants. Depuis l'âge de 12 ans, il avait quitté son village pour venir travailler dans les mines de l'Andalousie. Il commença par gagner environ 430 francs par an, mais il n'en dépensait que 300. Ainsi, dès le début de sa vie de travail, il économisait annuellement 130 francs. Plus tard, sa dépense restant la même et son travail aux mines étant devenu plus lucratif, il put mettre chaque année de côté une somme plus forte. A 26 ans il possédait 1350 fr. Il était alors dans les conditions exigées en ce pays par l'opinion publique pour songer au mariage et entrer dans une honorable famille.

Depuis son mariage, cet ouvrier épargne annuellement 350 francs. Les deux époux ont acquis une petite propriété que la femme cultive en l'absence du mari. Les enfants passeront à leur tour par les mêmes épreuves, et s'ils profitent des exemples de frugalité, d'ordre et d'économie donnés par leurs parents, ils arriveront comme eux à devenir propriétaires. Seuls la tempérance et l'amour du travail engendrés et soutenus par une réelle force morale peuvent produire de pareils résultats. Il n'y a pas d'épargne possible sans la modération dans les désirs qui suppose un certain empire sur soi-même.

Mais le climat n'est-il pas pour quelque chose dans l'admirable sobriété de cet ouvrier Espagnol, et d'une manière générale dans la tempérance ordinaire des peuples méridionaux ? Les habitants des contrées du Nord, qui vivent dans d'autres conditions de température, peuvent-ils les imiter ? N'ont-ils pas des besoins plus grands qui les empêchent d'obtenir les mêmes résultats que le mineur de Villanuova ?

6. Un menuisier de Sheffield (Angleterre). — La vertu est indépendante des questions de climat ou de tempérament, et nous nous en assurerons en visitant la famille d'un ouvrier de la ville manufacturière de Sheffield (Angleterre), grande cité de 120,000 habitants, et un des plus grands centres de fabrication de coutellerie.

Les ouvriers anglais ont une réputation, trop bien méritée hélas ! d'imprévoyance et d'intempérance. Presque tous dépensent ce qu'ils gagnent, sauf à supporter ensuite, avec plus ou moins de résignation, les privations qu'amène forcément la moindre crise indusrielle ou même la moindre maladie. Cependant nous allons voir que, dans ce milieu défavorable, un simple artisan peut s'élever au-dessus de cette condition précaire, s'il a de l'énergie et une bonne conduite.

Celui dont il s'agit est âgé de 35 ans, il est marié et père d'une petite fille. Fils d'un menuisier de village qui avait douze enfants, il a été élevé dans la profession paternelle, et de bonne heure on lui a inspiré le goût de l'épargne. A la fin de son apprentissage il est venu s'établir à Sheffield, où il s'est marié. Les deux époux n'avaient, au moment de leur union, que les outils de leur profession et leurs vêtements. Dix ans après, leur mobilier était estimé à 1200 francs et leurs propriétés à 1535 fr. Tout cela était le fruit de leurs patientes économies.

Cette famille se distingue par sa tempérance, par le bon ordre et même par une certaine élégance qui règne dans la maison. Le mari ne boit jamais d'eau-de-vie. Sa plus grande distraction, pendant ses moments de loisir, est de confectionner les meubles et objets de menuiserie ou de charpente destinés à l'habitation qu'il se propose de bâtir prochainement. Chaque semaine il verse une petite somme dans la caisse d'une société qui a pour but de faciliter aux ouvriers l'acquisition de petites propriétés. Grâce à cette combinaison, il entrera bientôt en possession d'un lot de terrain sur lequel il pourra édifier sa maison. Cette perspective est pour lui une grande diversion à son travail quoditien.

Cet ouvrier fait de plus partie de trois clubs ou sociétés de secours mutuel, garantissant en cas de maladie au chef de la famille des secours médicaux, et surtout des allocations pécuniaires destinées à suppléer au salaire. Moyennant un versement de 1 fr. 35 par semaine, il peut toucher de ces trois caisses 31 fr. 24 par semaine en cas de maladie.

En résumé, cette famille puise dans sa bonne conduite et dans son affiliation à diverses institutions de prévoyance, les moyens de se garantir contre toutes les éventualités qui pourraient compromettre ou gêner son existence. Elle habite pourtant un pays froid et humide, où les habitudes d'intempérance, auxquelles elle a su résister, sont plus répandues qu'ailleurs.

7. Un ouvrier fondeur d'Angleterre. — Mais quelque actives et quelque efficaces que soient les institutions de prévoyance en Angleterre, elles ne peuvent rien sans l'épargne, et l'ouvrier qui n'est pas économe se prépare de tristes jours pour sa vieillesse. Visitons encore en Grande-Bretagne, un ouvrier fondeur d'une forge voisine de Derby. Il est mieux doué, mieux payé que le précédent, et cependant vous allez voir quelle différence il y a entre eux, par suite de la différence dans leurs habitudes et dans leurs dépenses.

Ce fondeur, âgé de trente-six ans, est marié depuis douze ans et père de quatre enfants. Remarquable par son intelligence et sa vigueur physique, grâce à un travail assidu et à l'intérêt que lui porte le chef de l'usine, il s'est élevé à une condition supérieure à celle de la plupart des habitants des districts métallurgiques ; il ne fréquente point les cabarets et passe au milieu de sa famille la plus grande partie des loisirs dont il dispose. Malheureusement il vit copieusement, et presque tout son salaire est absorbé par des dépenses de nourriture ; un tiers de la recette annuelle est consacré à l'achat de la viande, des liqueurs spiritueuses, du thé, du café, du sucre, tandis qu'en France, pour les ouvriers en voie de devenir propriétaires, le prix d'achat de ces denrées, n'atteint qu'un dixième et parfois un vingtième du salaire total.

Aussi cette famille n'a-t-elle aucune épargne ; elle ne possède qu'un mobilier d'une valeur de 85o francs environ, tenu avec propreté. Une société de secours mutuel lui garantit les secours médicaux et une indemnité en cas de maladie. Mais que la vieillesse et les infirmités arrivent, cet ouvrier sera dans la misère, si ses enfants ne sont pas en état de le secourir. Or il est à craindre que ceux-ci, n'ayant pas été initiés dès l'enfance aux habitudes d'ordre et de prévoyance, ne soient pas dans une meilleure situation que leurs parents.

Jusqu'à présent j'ai pris mes exemples à l'étranger. Je vais terminer cette intéressante revue par l'étude de deux familles d'ouvriers français. Les conditions où elles se trouvent se rencontrent fréquemment ; leur exemple est facile à imiter, il ne faut pour cela que de l'énergie et de la bonne volonté.

Vous remarquerez que les résultats encourageants obtenus par ces deux familles, sont dus en grande partie, aux qualités éminentes qui distinguent la plupart des femmes d'ouvriers en France. Elles sont généralement actives, laborieuses, économes ; et, de plus, elles sont habiles et ingénieuses dans la tenue du ménage, assidues aux travaux à l'aiguille. C'est leur bienfaisante influence qui a assuré la prospérité des deux familles que nous allons décrire.

8. Un moissonneur du Soissonnais. — La première habite un village de l'arrondissement de Laon (Aisne). Le père de famille a trente-cinq ans, il est marié depuis treize ans et a trois enfants.

Jusqu'à l'âge de quatorze ans, il a été employé aux travaux agricoles avec ses parents. A cette époque il a commencé à travailler à la journée chez des fermiers voisins. A vingt-deux ans il s'est marié, et a consacré les épargnes qu'il avait déjà réalisées à acheter un mobilier, des outils, et quelques animaux domestiques que sa femme entretient et qui procurent toujours de précieuses ressourcesà un ménage dans la campagne.

Les jeunes époux ont constamment dépensé moins qu'ils ne gagnaient. Leurs premières économies ont été employées à l'achat d'une maison et d'un jardin, de sorte qu'ils n'ont plus de loyer à payer ; et on peut évaluer à 2,33o fr. la valeur des propriétés, fruit de leurs épargnes persévérantes.

Outre les travaux du ménage, la femme fait souvent des journées pour le compte de fermiers voisins. La culture du jardin, les soins donnés aux animaux domestiques remplissent avec le filage du chanvre et quelques travaux de couture, le temps que les occupations principales laissent disponible. Aucun moment n'est perdu pour cette mère de famille économe et laborieuse.

L'habitation est entretenue avec un soin extrême. Le mobilier et les vêtements sont choisis exclusivement en vue de l'utilité, et l'on n'y voit apparaître aucune trace de luxe.

Telle est la situation de cette famille unie dans l'amour

du travail, et trouvant dans son goût pour l'épargne, le charme de la vie journalière et la sécurité pour l'avenir. Les deux époux sont préoccupés sans cesse des moyens d'accroître leur petite propriété à l'aide du produit de leurs économies, sans que cependant cette tendance dégénère en une avarice sordide, et c'est une grande satisfaction pour eux que de voir leurs efforts couronnés de succès. Sous l'influence de la religion, dont la femme surtout pratique régulièrement tous les devoirs, cette famille sait concilier les qualités d'économie qui la distinguent avec l'esprit de charité. Les sentiments naturels d'humanité ne disparaissent pas étouffés par l'amour du gain, comme il arrive parfois ailleurs dans les mêmes conditions.

9. Un maréchal-ferrant de la Sarthe. — La seconde famille est celle d'un maréchal-ferrant de l'arrondissement de Mamers dans le département de la Sarthe.

Cet ouvrier, à 37 ans, était marié depuis 12 ans et père de quatre enfants. Apprenti de quatorze à dix-sept ans, il avait ensuite travaillé pour son compte. Économe et industrieux, il avait su, en vingt ans, épargner assez pour acheter les outils de sa profession, puis une maison avec un jardin et un petit champ. Ses propriétés pouvaient valoir 4.000 fr.

Sa femme le secondait activement, et le désir d'accroître leurs biens maintenait les deux époux dans des habitudes d'ordre, de travail et de sobriété. Loin d'être pour eux une peine ou une privation, cette manière de vivre leur procurait au contraire la satisfaction la plus complète, celle de se créer par le travail et l'économie une existence indépendante et assurée. Les épargnes annuelles de la famille s'élevaient à plus de 300 francs et elles ne pouvaient qu'augmenter.

Cet exemple est très concluant, car le pays de Mamers est dépourvu de ressources industrielles et surchargé d'ouvriers vivant le plus généralement dans un dénûment qui équivaut à la misère.

10. Conditions essentielles de l'aisance pour les familles. — L'éminent écrivain auquel j'ai emprunté les remarquables exemples qui précèdent, en conclut que la possession de certaines qualités morales bien déterminées (travail, tempérance, économie, esprit d'ordre) jointes à la pratique des vertus chrétiennes, est la condition essentielle de l'aisance des familles, et que ces qualités produisent ce résultat, même dans les circonstances les plus défavorables. Au contraire les ouvriers à qui elles font défaut, même placés dans le milieu social et les conditions économiques les plus favorables pour l'amélioration de leur condition, restent constamment dans une situation précaire.

J'ai pris des modèles dans des pays éloignés les uns des autres pour faire ressortir l'universalité de ces lois morales. Ils offrent un caractère irrécusable d'authenticité et de précision. Mais il n'était pas nécessaire d'aller aussi loin, et vous trouverez autour de vous des exemples analogues, si vous regardez bien. Parmi les contre-maîtres, parmi les ouvriers que vous connaissez, il en est beaucoup qui, après une vie de labeur, pourront songer à se reposer, et à vivre du fruit de leurs épargnes. Ceux-là ont été économes et tempérants. Il en est d'autres aussi, malheureusement, qui, malgré leur habileté professionnelle et les salaires élevés qu'ils touchent, sont toujours dans la gêne et seront un jour dans la misère. A ceux-là l'ordre et la sobriété ont manqué.

Jeunes gens, qui allez bientôt devenir des hommes, deux routes s'ouvrent devant vous : l'une vous conduit par une vie tranquille à une vieillesse honorable; l'autre après un âge mûr troublé et une existence inquiète, vous mène à une vieillesse misérable et vous laissera à charge à vous-même et aux autres. C'est à vous de choisir. Mais si vous ne réussissez pas à faire des économies, n'oubliez pas que vous n'avez rien à reprocher à la société; vous seuls serez coupables, puisque d'autres, placés dans les mêmes conditions, ont su épargner.

Je suis convaincu que vous n'aurez point ce reproche

à vous faire, et que vous ferez votre profit des exemples que j'ai mis sous vos yeux. Vous avez entre vos mains votre avenir et votre bonheur, ils dépendent de vous seuls.

11. Conseils aux jeunes gens pour l'emploi de leurs épargnes. — Apprenez donc tout d'abord le chemin de la Caisse d'épargne. C'est votre indépendance future que vous assurez, c'est votre éducation morale que vous commencez.

Aussitôt que vous aurez l'âge voulu, entrez dans une société de secours mutuel, et prélevez exactement chaque mois sur votre salaire le montant de votre cotisation.

Puis arrangez-vous pour économiser chaque année 3o à 4o francs pour la Caisse des retraites, et vous aurez à soixante ans, droit à une pension de 6 à 8oo francs. C'est-à-dire que vous pourrez vivre sans être à charge à vos enfants, sans rien demander à personne. Vous vivrez alors non plus de votre paie journalière, mais de ce que vous aurez gagné trente ou quarante ans auparavant.

Enfin, si vous en avez l'énergie, épargnez plus encore, arrivez à la propriété, augmentez de cette façon la dignité de votre famille et sa sécurité pour l'avenir.

Les années viendront sans amener pour vous l'inquiétude ou les privations. Vous éprouverez une légitime satisfaction à constater que vous avez rempli votre devoir, et obtenu d'heureux résultats grâce à votre esprit de prévoyance, à votre bonne conduite et à votre tempérance. Vous aurez dignement accompli une des tâches qui nous sont imposées ici-bas, celle d'assurer notre existence autant qu'il est en nous, contre les accidents de toute sorte.

Mais il est encore un devoir plus sacré que celui-là, c'est de soutenir nos parents quand ils ont besoin de nous. Il faut se montrer bon fils avant d'épargner pour soi-même, c'est une restitution que nous avons à faire.

Nos parents auraient pu économiser l'argent qu'ils ont dépensé pour nous élever et nous instruire. S'ils ne l'ont pas fait c'est par affection pour nous ; et le jour où le travail leur fait défaut, où leurs forces trahissent leur bonne volonté, si ces économies leur manquent, notre devoir est d'y suppléer et de leur rendre ce que nous avons reçu d'eux.

Questionnaire de la 5ᵉ Leçon

1. *Quel est le meilleur moyen d'exciter à la pratique de l'épargne ? Donner des exemples d'hommes célèbres qui lui ont dû leur fortune. — 2. Peut-on trouver des exemples plus modestes ? Quelles sont les conclusions des études de l'auteur des ouvriers Européens ? — 3. Quel a été le principe de la conduite de l'ouvrier fondeur du Hundsrück et de sa femme pendant leur jeunesse ? A quels résultats sont-ils arrivés ? — 4. Pourquoi l'armurier de Solingen n'obtient-il pas les mêmes résultats ? Influence des dépenses inutiles. — 5. Comment le mineur d'Andalousie est-il devenu propriétaire ? La sobriété est-elle due uniquement au climat ou au tempérament ? — 6. Quel est le point de départ de l'aisance du menuisier de Scheffield ? Quelle est l'occupation de ses moments de loisir et l'emploi de ses épargnes ? — 7. Quelles sont les qualités qui manquent au fondeur du Derbyshire ? Indiquer une différence dans les habitudes des ouvriers Anglais et des ouvriers Français. Expliquer l'influence salutaire des femmes dans les ménages d'ouvriers Français. — 8. Quelle est la situation du moissonneur en Soissonnais et de sa femme ? Comment peut-on empêcher l'amour de l'économie de dégénérer en avarice ? — 9. Comment le maréchal-ferrant de la Sarthe est-il devenu propriétaire ? La pratique de l'épargne est-elle pénible pour ceux qui en ont pris l'habitude ? — 10. Quelles sont les conditions essentielles pour arriver à l'aisance ? Dépend-il de nous de nous assujettir à ces conditions pendant la vie ? — 11. Quel emploi les jeunes gens doivent-ils faire de leurs épargnes ? Quels sont les devoirs qui doivent passer avant celui de l'épargne ?*

SUJETS DE DEVOIRS

1. Démontrez l'utilité des exemples pour faire comprendre les avantages de l'épargne.
2. Développez à l'aide de quelques exemples les conditions essentielles pour arriver à l'aisance.
3. Montrez par quelques exemples les causes qui empêchent des ouvriers de sortir d'une situation précaire.
4. Formulez quelques conseils à donner aux jeunes gens pour l'emploi de leurs épargnes.

SIXIÈME LEÇON

L'EMPLOI DU CAPITAL

1 Origine et destination du capital. — 2 Influence des capitaux sur le développement de la population. — 3 La création du capital est le point de départ de toute civilisation. — 4 Le capital sans le travail est stérile. — 5 Le travail sans le capital est impuissant pour assurer le bien-être de l'homme. — 6 Distinction entre les capitaux fixes et les capitaux circulants. — 7 Les capitaux peuvent être prêtés moyennant un prix de location. — 8 La location du capital monnaie ou prêt à intérêt. — 9 Le taux de l'intérêt est variable. — 10 Il n'y a point d'antagonisme entre le capital et le travail. — 11 La formation des capitaux doit être encouragée. — 12 La suppression du prêt à intérêt serait injuste et nuisible.

1. Origine du capital et sa destination. — J'ai dit que le capital est le produit du travail épargné en vue d'obtenir plus facilement de nouvelles productions, et j'ai indiqué la différence qui existe entre ce genre d'épargne et les produits mis simplement de côté comme provisions, pour servir à la nourriture et à l'entretien de la vie. Ceux-ci disparaissent, soit à la fin de la saison, soit à la fin de l'année, et ils n'ont aucune influence sur une production ultérieure. Le capital, au contraire, n'est pas destiné à être consommé, il subsiste, s'augmente, et est utilisé pour la création de nouvelles richesses.

Les résultats du travail vont ainsi s'accumulant, ils possèdent en eux-mêmes une puissance féconde qui accroît sans cesse l'effet utile de nos efforts. Le capital est l'agent le plus actif du perfectionnement et de la civilisation.

2. Influence des capitaux sur le développement de la population. — Pour que la population d'un pays augmente il faut évidemment que ce pays produise de quoi nourrir ses nouveaux habitants, il faut par conséquent que ses productions de toute sorte s'accroissent aussi. Or, pour que les moyens d'existence deviennent plus abondants, il faut des progrès dans la culture, des instruments plus perfectionnés, des ateliers mieux organisés. Les capitaux seuls peuvent amener à ce résultat, en mettant à notre disposition des moyens d'action plus efficaces. Ce sont eux qui constituent la véritable différence entre les peuples sauvages et les peuples civilisés. Vous savez combien sont peu nombreux les Indiens qui vivent misérablement dans les vastes forêts et les immenses prairies de l'Amérique du Nord. Le sol est fertile, les arbres magnifiques, l'herbe haute et épaisse, et cependant il faut à ces Indiens sauvages 4 kilomètres carrés par individu pour vivre du produit de la chasse ou de la pêche; sinon, ils meurent de faim et les tribus se dépeuplent. En Europe, au contraire, grâce aux capitaux accumulés, produits des efforts d'une suite de générations intelligentes et laborieuses, la même surface de terrain, moins fertile peut-être, nourrit 400 habitants, et quelquefois même le double. Cependant les conditions d'existence des Européens sont bien supérieures à celles des sauvages, sous tous les rapports.

3. La création du capital est le point de départ de toute civilisation. — Le capital apparaît entre les mains de l'homme dès ses premiers pas dans la voie de la civilisation. Lorsque jadis nos ancêtres confectionnèrent des haches en pierre ou en bronze, emmanchées avec une branche d'arbre, ils créèrent réellement un capital et furent les premiers capitalistes. Tout ouvrier, qui acquiert un outil destiné à l'aider dans l'exercice de sa profession, devient en effet capitaliste.

L'outil, c'est son capital, c'est le produit d'un temps qu'il n'a pas été obligé de consacrer à la recherche de sa nourriture, c'est la représentation d'efforts dont tous les résul-

tats n'ont pas été immédiatement consommés ou employés.
En se le procurant, cet ouvrier a en vue de faciliter son
travail à venir : l'instrument dont il dispose lui permettra peut-être de faire en un jour autant de travail qu'il en
eût exécuté auparavant en 15 jours, avec le secours de
ses bras seulement. Cet homme rendra alors quinze fois
plus de services que jadis, et pourra faire payer ses services moins cher. Un nombre de personnes plus considérable pourra en profiter et bien plus aisément. Tel
est le résultat produit par la possession du capital.

Les sauvages, dont j'ai parlé précédemment, sont en
réalité des capitalistes aussi, puisqu'ils se fabriquent des
arcs, des flèches, des couteaux, avec de la pierre ou
du bois. Ils ont encore, quoique bien effacée, cette
lumière de l'intelligence qui distingue l'homme des animaux ; mais ils diffèrent essentiellement des peuples civilisés par l'emploi qu'ils font de ces capitaux élémentaires. Ils s'en servent seulement pour mieux réussir
dans la satisfaction de leurs besoins journaliers et ils ne
vont pas plus loin. L'idée ne leur vient pas que ces
capitaux pourraient leur servir à augmenter les produits
de leur travail et leur permettre de constituer des épargnes. Ils se bornent à suppléer avec leur aide aux armes
que la nature ne leur a pas données.

Mais ils sont incapables de civilisation parce que chez
eux l'esprit de prévoyance n'existe pas, parce qu'ils ne
savent pas se priver d'une jouissance immédiate en vue
de l'avenir, ni continuer l'effort au-delà de ce qu'exige
le besoin présent.

4. Le capital sans le travail reste improductif.
— Il suit de là que le fait seul de créer un capital ne
suffit pas pour obtenir tous les avantages que je vous ai
signalés. Il faut encore savoir en tirer parti, et pour cela
deux choses sont nécessaires : L'union du capital et du
travail, et la persévérance dans le travail et l'épargne.

En effet, le capital en soi n'est qu'un outil, un instrument, par conséquent il ne produit pas tout seul : il
doit être manié ou dirigé par un bras intelligent, il doit

être aidé par le travail de l'homme. Sans le travail, le capital n'a aucune signification, aucune valeur. La plus belle machine à vapeur, le plus merveilleux métier à tisser, ne seront que des assemblages inutiles de morceaux de fer ou de bois, tant qu'il n'y aura pas un mécanicien pour donner le mouvement à la machine, ou un tisseur pour mettre en œuvre le métier. Le travail qui a créé le capital peut seul le rendre productif.

Il est indispensable encore que le travail soit poursuivi avec persévérance. Il ne suffit pas d'un effort dans la vie d'un peuple, effort qui l'amène à un certain degré de progrès matériel et intellectuel. Rappellez-vous l'exemple de la Turquie et celui de l'Espagne. Pour qu'une nation soit prospère, il lui faut des habitudes de travail bien assises, et une pratique soutenue de l'épargne. Il lui faut, en outre, une éducation intellectuelle de plus en plus complète, à laquelle on arrive par la diffusion de l'instruction sous toutes ses formes.

La construction des machines, vous donnera un exemple frappant de la puissance croissante des capitaux secondés par le travail et l'intelligence. Les premières machines à vapeur remontent à cent ans à peine. Elles étaient, à l'origine, imparfaites, lentes, difficiles à manœuvrer ; les différentes pièces qui les composaient étaient ajustées à la main et n'avaient pas une précision suffisante. Elles constituaient un grand progrès déjà, mais il a été bien dépassé depuis. Aujourd'hui ce sont des machines qui sont employées à construire d'autres machines. Toutes les pièces faites mécaniquement s'ajustent avec une précision et une perfection admirables, et les nouveaux engins, sans exiger plus de place ni plus de combustible, produisent beaucoup plus que les anciens. On ne saurait assigner de limite à ces progrés dus à l'activité toujours en éveil de l'intelligence humaine.

5. Le travail sans le capital est impuissant à assurer le bien-être de l'homme. — D'un autre côté le travail de l'homme, s'il n'est pas secondé par le capital est à peu près impuissant à fournir de quoi satisfaire à nos plus simples besoins. Considérons un habitant des bords de la mer. Le poisson abonde sur la côte, et est à même de lui procurer une nourriture abondante. Mais ce poisson, il faut le prendre; et si cet homme n'a que ses mains, sa pêche a grande chance de n'être pas fructueuse, peut-être même courra-t-il grand risque de mourir de faim à quelques pas du rivage, malgré les quelques coquillages qu'il pourra ramasser. Si, au contraire, ce pêcheur est ingénieux, s'il creuse un tronc d'arbre et s'il se fait une barque, s'il se fabrique une ligne, des filets, un harpon, il sera à peu près sûr de prendre chaque jour assez de poisson pour suffire à ses besoins et à ceux de sa famille.

C'est le même homme, mais dans le premier cas son travail est réduit à celui de ses mains, dans le second cas, le travail est uni à un capital qui le rend plus productif. Ce capital, ce sont la barque, les filets, qu'il s'est procurés pour faciliter et seconder ses efforts. Il est encore évident, que si le pêcheur, en possession de ces instruments, se repose et ne travaille pas, il ne sera pas plus avancé que s'il ne les avait pas. La barque n'ira pas d'elle-même à la mer, les filets ne prendront pas tout seuls du poisson. Il faut quelqu'un pour pousser et diriger la barque, quelqu'un encore pour jeter et lever les filets ; et, si la main qui n'est pas armée d'un outil est impuissante, l'outil qui n'a pas une main pour le diriger est également incapable de produire quoi que ce soit.

Le capital sans le travail est stérile de même que le travail sans le capital. Leur union seule est féconde et produit ce qui est utile pour la satisfaction des besoins de l'homme sur la terre.

Aussi ne peut-on voir sans étonnement, les récriminations amères formulées contre le capital et les capitalistes par de soi-disant économistes qui prétendent défendre le travail en attaquant le capital. Détruire l'un, c'est tarir la source de l'autre. Empêcher le capital de se former, c'est annuler les effets du travail, c'est par suite diminuer et bientôt anéantir les ressources d'un pays.

C'est y provoquer une dépopulation rapide, c'est préparer son retour à la barbarie.

6. Distinction entre les capitaux fixes et les capitaux circulants. — Les capitaux peuvent affecter les formes les plus variées, mais ce qui les distingue toujours des produits de l'épargne destinés à être consommés, c'est l'usage même auxquels ils sont destinés : « féconder le travail pour une production ultérieure. » Le même objet peut être tantôt capital, tantôt ne l'être pas. La houille que le mécanicien jette sur la grille d'une machine à vapeur est un capital puisqu'elle va se transformer en force et produire un travail utile. Au contraire la houille que nous avons dans notre cave pour nous chauffer n'est pas un capital. Nous la brûlons pour satisfaire à nos besoins. C'est une provision.

Certains capitaux sont immobilisés et ne peuvent changer ni de forme ni de destination. Tel est le barrage qui retient une chute d'eau dont la force motrice fait marcher une usine ou un moulin. Telles sont les routes, les canaux, les chemins de fer. Une fois constitués, ces capitaux sont *fixes* et restent ce qu'ils sont, qu'on s'en serve ou qu'on ne s'en serve pas.

On appelle par contre *capitaux circulants* ceux qui pour accomplir l'œuvre de production doivent disparaître et se transformer. La houille de la machine à vapeur, la monnaie, marchandise avec laquelle on peut obtenir toutes les autres, mais qui ne peut rien par elle-même, sont des capitaux circulants.

La monnaie est un capital, soit qu'on l'emploie à l'achat des matières premières ou des outils qui doivent les transformer, soit qu'elle serve à payer le salaire des ouvriers qui contribuent à la fabrication. C'est un intermédiaire qui facilite la production, c'est donc un capital dans la vraie acception du mot. Elle permet de plus d'échanger et d'évaluer les capitaux. C'est grâce à l'argent monnayé, par exemple, que le laboureur peut acheter la charrue qu'il ne fabrique pas lui-même.

7. Les capitaux peuvent être prêtés moyennant un prix de location. — Quand l'homme a créé un capital, outil ou machine, il a évidemment le droit absolu d'en disposer à son gré. S'il ne veut pas ou ne sait pas s'en servir, il peut le vendre, c'est-à-dire l'échanger contre d'autres capitaux ou d'autres marchandises. C'est ce que fait en général un ouvrier dont le métier est de fabriquer des outils.

Mais prenons un laboureur qui possède une charrue, et qui n'en a plus l'emploi lorsque ses labours sont achevés. Supposons que son voisin ait besoin à ce moment-là d'une charrue pour travailler son champ, et qu'il vienne demander la sienne à notre laboureur, que devra faire celui-ci ? la lui vendre ? mais il en aura besoin l'année suivante et il tient à la conserver ; de plus il est fort possible que son voisin n'ait pas l'argent nécessaire pour la payer, ou ne se soucie pas d'acheter un pareil instrument dont il n'a besoin que pour quelques jours.

Comment concilier ces deux intérêts ? Il y a un moyen très simple. Le propriétaire de la charrue la confie temporairement à son voisin à la condition que celui-ci lui remettra une part du bénéfice qu'il retirera de l'emploi de cet outil. C'est de toute justice, car il est clair que le voisin fera plus de travail avec la charrue qu'avec sa bêche et il faut bien que le possesseur de la charrue trouve un certain avantage pour se décider à s'en dessaisir, à la louer, suivant l'expression usitée.

Chacun des deux laboureurs fera ainsi une affaire avantageuse: l'un par le meilleur travail à l'aide de la charrue, l'autre par le prix qu'il retirera de cette location, sans laquelle l'outil serait resté inutile dans un coin de sa remise.

8. La location du capital-monnaie ou prêt à intérêt. — La monnaie est aussi un capital. Celui qui possède une somme d'argent peut-il la louer ? Évidemment et tout aussi bien qu'une charrue. Celle-ci en effet n'est que l'équivalent de sa valeur en argent, puisque la monnaie et l'outil peuvent s'échanger l'un contre l'autre. Il serait contradictoire de considérer comme légitime de toucher le prix de location d'un instrument ou d'une machine, et comme illégitime de louer une somme d'argent, puisqu'il suffirait d'acheter avec cette somme, cet instrument ou cette machine, pour pouvoir en tirer un bénéfice.

Le prix de la location du capital monnaie s'appelle *l'intérêt de l'argent* ou la *rente du capital*. L'intérêt de l'argent est la somme qu'il faut payer à des époques convenues, sans préjudice du remboursement intégral du capital emprunté.

On dit qu'une somme d'argent est prêtée à 5 %, lorsque l'emprunteur doit payer 5 francs chaque année pour l'usage d'une somme de 100 francs. S'il rembourse le capital au bout d'une année, il doit donc payer 105 francs. Si l'emprunteur devait payer 106 fr. au lieu de 105, le taux de l'intérêt serait 6 pour cent.

9. Le taux de l'intérêt est variable. — Dans les pays riches et paisibles, habités par une population laborieuse et économe, le taux de l'intérêt ou le loyer des capitaux est peu élevé parce que les capitaux disponibles abondent, et parce que le prêteur a la certitude à peu près complète que son capital lui sera remboursé exactement.

En Angleterre et en Hollande le taux de l'intérêt des emprunts publics est généralement de 3 pour cent. En Suisse il est au plus de 4 pour cent. En France il s'est élevé naguère jusqu'à 5 et 6 pour cent. Nous sommes sans doute moins sages que nos voisins. Nous avons fait trop souvent un mauvais usage des capitaux accumulés par le travail. Des entreprises hasardeuses ou des guerres coûteuses ont fait disparaître ou ont diminué nos ressources. De plus les bouleversements politiques, dont nous n'avons malheureusement que trop d'exemples depuis quatre-vingt-dix ans, rendent les prêteurs plus exigeants.

Il existe d'autres pays où l'intérêt de l'argent est plus élevé encore qu'en France, parce que les capitaux y sont plus rares et l'absence de sécurité encore plus sensible.

Ainsi en Algérie le taux de l'intérêt varie entre 7 et 12 pour cent, parce que les capitaux à louer sont rares. En Turquie ou au Mexique les risques sont tels qu'on ne prête pas à moins de 25 pour cent.

En France le taux légal de l'intérêt a été fixé, par une loi de 1807, à 5 % dans les relations civiles et à 6% pour les affaires commerciales. Il ne faudrait pas croire pour cela que le taux de l'intérêt soit invariable ; car si cette loi est bien appliquée dans les circonstances ordinaires, elle ne sert plus de règle absolue aux époques de crises politiques ou commerciales. Alors on ne trouve plus d'argent à emprunter, à moins de payer un accroissement du taux de l'intérêt sous forme de commission de banque ou bien sous forme de *prime*; dans ce dernier cas on s'oblige à payer, lors du remboursement, plus qu'on n'a reçu.

L'État lui-même est obligé de subir cette variation du taux de l'intérêt quand il emprunte dans des circonstances difficiles. Alors pour une rente de 5 fr. qu'il s'engage à payer, il accepte 80 ou 90 francs de capital au lieu de 100 francs qu'il est censé avoir reçus et qu'il devra rembourser un jour.

Mais la loi de 1807 subsiste néanmoins et sert de règle aux juges quand les prêteurs et les emprunteurs ne sont pas d'accord et viennent soumettre leurs différends à la décision des tribunaux.

10. Il n'y a point d'antagonisme entre le travail et le capital. — Nous savons maintenant quel est le rôle social du capital : sans lui rien ne peut se faire de bien sur la terre au point de vue matériel. Il ne peut y avoir antagonisme entre le capital et le travail puisqu'ils sont impuissants l'un sans l'autre, et que leur union intime est au contraire indispensable pour produire quelque chose d'utile. Il semble donc que ceux qui travaillent, ayant tout intérêt à voir leurs efforts soutenus et fécondés par le capital, devraient être d'accord avec ceux qui le possèdent. Malheureusement il n'en est pas toujours ainsi. On a cherché à exciter la lutte entre les capitalistes et les travailleurs en faisant croire aux derniers qu'ils pourraient avoir des capitaux sans se donner la peine de les créer par le travail et par l'épargne, ou tout au moins sans payer le loyer des capitaux créés par les travailleurs qui les ont précédés. On a voulu leur persuader que les capitalistes abusent de leur situation pour exiger une rémunération trop élevée des capitaux, tandis qu'ils ne font que suivre les variations de prix qui sont la conséquence de l'abondance ou de la rareté des capitaux disponibles, et de la sécurité plus ou moins grande qui règne dans le pays.

Ce sont là des erreurs dangereuses pour la société tout entière, des agitations malsaines qui ne peuvent amener que des catastrophes, car toute atteinte à la tranquillité des capitaux en renchérit l'emploi et rend par conséquent la vie plus difficile pour les ouvriers.

12. La formation des capitaux doit être encouragée. — Il faut au contraire encourager la formation des capitaux en honorant ceux qui par leur travail et leur vertu sont arrivés à ce résultat. Ils ont rendu service à la société en même temps qu'à eux-mêmes. Il faut les rémunérer de leurs peines en leur payant pour le loyer de leur argent un intérêt légitime. Sans cela personne ne voudrait risquer ses économies et chacun les enfouirait dans un coin, comme l'avare, au grand détriment de tout le monde. Ceux qui s'imposent des privations pour épargner y renonceraient du moment où ils n'y trouveraient plus aucun avantage personnel.

Vous avez dans votre armoire une certaine somme d'argent, fruit de plusieurs années d'économies et aussi de privations, car on n'épargne pas sans peine, elle est destinée à assurer votre existence pendant vos vieux jours. Vous exposerez-vous à la perdre en la confiant à une personne étrangère, si vous n'avez aucun avantage à retirer de ce prêt ? Vous la garderez et vous ferez bien.

Supposez encore qu'un maçon se construise une maison

et qu'il se dise : « Je vais la faire plus grande qu'il ne serait nécessaire pour ma famille ; j'y consacrerai un peu plus de mon temps et toutes mes épargnes, mais j'aurai ainsi un appartement à louer. Cela m'aidera à vivre pendant les mois de chômage d'hiver. »

La maison achevée, survient un voisin qui a lu quelque part que le capital ne se multiplie pas par lui-même et que, par conséquent, le prêt doit être gratuit. Il trouve le logis à son gré et dit au maçon : « Votre appartement me plait ; je viendrai m'y installer. Mais comme le capital ne doit pas produire d'intérêt, d'après ce que j'ai lu dans des livres, vous ne vous étonnerez pas si je ne vous paie point au bout de l'année. »

Pensez-vous que cela fasse l'affaire du maçon ? Il répondra certainement : « Dès l'instant que vous ne devez pas me payer, je ne veux pas louer mon appartement. Je l'occuperai moi-même, et mettrai ma famille plus au large. J'ai employé mon temps et mon argent à bâtir cette maison, cela vaut bien une récompense. Sinon, je n'aurais pas pris cette peine. »

11. La suppression du prêt à intérêt serait injuste et nuisible. — La réponse du possesseur serait la même pour toute espèce de capitaux ou de marchandises, que ce soit une somme d'argent, une machine ou une maison. S'il faut les prêter ou les louer sans en tirer profit, chacun préférera les garder par devers soi.

Supprimer le prêt à intérêt, c'est supprimer le prêt lui-même. C'est empêcher l'échange qui se fait constamment entre ceux qui ont des capitaux et ceux qui n'en ont pas, au grand détriment de ces derniers. Car cet échange n'est pas utile seulement au prêteur. Il l'est plus encore à l'emprunteur auquel il permet d'entreprendre un commerce, une industrie et de tirer parti de son intelligence et de son travail. La preuve que l'emprunteur y trouve son avantage, c'est qu'il agit librement ; personne ne l'oblige à faire un emprunt en s'engageant à payer un intérêt quelconque. S'il le fait, c'est qu'il espère trouver ainsi moyen de gagner sa vie plus sûrement. Lui enlever la possibilité de se procurer ce capital, c'est lui faire du tort.

Le profit perçu par le propriétaire des capitaux pour en permettre l'usage, qu'il s'agisse de louer un bœuf, une charrue, ou une somme d'argent, est donc utile en même temps qu'il est légitime. Si un gouvernement venait, dans un jour d'erreur, à interdire le prêt à intérêt sous prétexte d'améliorer le sort de ceux qui ne sont pas capitalistes, ce gouvernement commettrait d'abord une injustice, et, comme il arrive toujours, cet acte injuste serait nuisible aux intérêts de tous. Car on peut se convaincre en regardant les choses d'un peu près, qu'en ce monde la justice et l'honnêteté sont les plus sûrs moyens d'assurer le bien-être des peuples comme celui des individus.

Une autre conséquence de cette imprudente suppression, serait plus fâcheuse encore pour le bien général. Si les capitaux ne produisent aucun bénéfice, personne ne sera plus excité à en former. On renoncera aux privations, à la sobriété, à l'économie. On prendra l'habitude de consommer les produits du travail à mesure qu'ils apparaissent. Les capitaux jadis amassés disparaîtront, et le pays tombera dans la misère. Car dans un pays sans capitaux, l'industrie n'a plus de ressources, et le travail ne produit presque plus rien.

Il faut donc désirer que notre pays possède beaucoup de capitaux, c'est-à-dire beaucoup de ressources et de moyens de travail, et qu'il s'y rencontre beaucoup de capitalistes, c'est-à-dire beaucoup de gens économes et prévoyants. Alors l'abondance des capitaux fera baisser le prix de l'intérêt au grand profit de tous, et cela par la même raison qui fait que dans une ville les loyers sont bon marché, quand il y a un grand nombre de maisons à louer.

QUESTIONNAIRE DE LA 6ᵉ LEÇON

1. Rappelez l'origine du capital et indiquez sa destination. — 2. D'où provient l'influence des capitaux sur le développement de la population ? Combien y a-t-il d'habitants par lieue carrée en France ? — 3. Comment la création des capitaux favorise-t-elle la civilisation ? Pourquoi les sauvages ne tirent-ils pas parti de leurs capitaux ? — 4. Signalez l'infécondité du capital en lui-même. A quelles conditions le capital produira-t-il son action bienfaisante ? — 5. Le travail sans capital peut-il assurer le bien-être de l'homme ? Insistez sur l'erreur de ceux qui attaquent le capital. — 6. Qu'est-ce qu'un capital fixe ? Qu'est-ce qu'un capital circulant ? La monnaie est-elle un capital ? — 7. Combien faut-il faire de parts dans la production ? Pourquoi le capital est-il la propriété de celui qui l'a créé ? — 8. Qu'est-ce que la rente d'un capital ? — Quest-ce que le taux de l'intérêt ? — 9. Justifiez la légitimité de l'intérêt, et expliquez sa variabilité ? Quel est le but de la loi de 1807 ? — 10. Le travail et le capital peuvent-ils avoir une incompatibilité ? — 11. Doit-on encourager la formation des capitaux ? Quelle est leur action sur la moralité publique ? — 12. Pourrait-on sans danger supprimer le prêt à intérêt ? Serait-ce juste et serait-ce utile ? Quelles sont les conséquences de l'abondance des capitaux ?

SUJETS DE DEVOIRS

1. Montrez l'influence du capital sur la population du globe et sur le développement de la civilisation. Donnez-en des exemples.

2. Faites remarquer que l'industrie n'est qu'une transformation constante des capitaux.

3. Prouvez la faiblesse du travail sans capital, et montrez, au contraire, sa force quand il est uni au capital.

4. Expliquez l'origine du prêt à intérêt et les causes de la variabilité du taux de l'intérêt. Démontrez son utilité et sa légitimité.

SEPTIÈME LEÇON

LA DESTRUCTION DES CAPITAUX

1. Cause de destruction des capitaux. — 2. La destruction d'un objet utile ne fait pas aller le commerce. — 3. On doit recueillir tout ce qui peut être utile. — 4. Un objet perdu est une valeur détruite. — 5. Dommages causés à la richesse sociale par les dépenses de luxe. — 6. Dangers de l'habitude de faire des dettes. — 7. Nécessité de faire son budget pour les dépenses du ménage. — 8. Dangers de la passion du jeu. — 9. Maux causés par les procès dans les familles. — 10. La guerre est le plus grand agent de destruction des capitaux. — 11. Les grèves sont dans l'industrie, l'équivalent des guerres dans la politique. — 12. Causes de destruction des capitaux indépendantes de la volonté de l'homme.

1. Causes principales de la destruction des capitaux. — La puissance des capitaux est considérable, je vous l'ai démontré, et, depuis des milliers d'années que l'homme existe et qu'il capitalise, il semble que les ressources ainsi amassées devraient être incalculables. On est donc en droit de s'étonner de ce qu'en définitive le bien-être de l'humanité n'a pas progressé plus rapidement et dans une plus large mesure. Le résultat atteint actuellement, bien qu'appréciable, est certainement hors de toutes proportions avec la somme énorme de travail produit et économisé par la longue suite de générations auxquelles nous succédons sur la terre.

C'est que les capitaux sont trop souvent détruits par la

négligence ou les passions violentes des hommes, et aussi par nombre de fléaux naturels qui sont indépendants de notre volonté et qui mettent en défaut notre prévoyance. On ne saurait trop le dire : la destruction de ce qui a été créé par le travail de l'homme est un véritable malheur, qu'on doit chercher à éviter par tous les moyens.

Mais précisons d'abord nettement les causes de ce mal, nous ne voyons souvent que les conséquences immédiates de bien des faits qui se passent sous nos yeux, et, faute d'y réfléchir, nous en tirons des conclusions erronées. Si nous nous donnions la peine d'aller au fond des choses, sans nous arrêter à la surface, nous accepterions moins facilement quantités d'erreurs vulgaires aussi répandues que fâcheuses. Nous jugerions plus sévèrement notre manque de soin, notre manie de détruire sans motif et sans but, qui sont trop souvent aussi nuisibles que la violence ou la méchanceté.

2. La destruction d'un objet utile ne fait pas « aller le commerce ». — Ainsi en détruisant un objet qui peut encore rendre des services, nous faisons tort non seulement à nous, mais encore à la société tout entière. Prenons pour exemple un homme qui, pour se divertir, jette par la fenêtre un verre ou une assiette ! Au premier abord cet amusement vous paraîtra innocent ; détrompez-vous, il est absolument coupable. Jugeons-le par les résultats : le verre est brisé, ses morceaux ne sont plus bons à rien qu'à blesser les passants, il n'y a qu'à les jeter à la décharge publique. Quant à l'objet lui-même il manquera au ménage et il faudra le remplacer. Le verre représentait une certaine somme de travail ; il avait fallu pour le fabriquer, recueillir du sable, se procurer de la potasse, faire fondre ces matières dans un creuset, puis souffler et mouler le verre fondu. Tout ce travail a été anéanti quand le verre a été brisé, il n'en reste plus rien !

Vous trouverez des gens qui vous diront : « Un verre cassé, tant mieux ! cela *fait aller le commerce.* » Rien de plus absurde. Tout d'abord le marchand n'a pas besoin de compter sur la casse volontaire pour assurer le débit de sa marchandise. Un industriel qui en serait réduit là n'aurait pas beaucoup de chances de faire fortune. Puis, si vous tenez absolument à *faire aller* cette branche de commerce, achetez un second verre sans casser le premier, vous en aurez deux au lieu d'un et, si celui-ci vous est inutile, vous trouverez sans peine quelqu'un à qui le donner.

Le verre brisé ne se remplacera pas pour rien, il faudra acheter son remplaçant. Avec cet argent vous auriez pu vous procurer un livre pour vous instruire, du savon pour entretenir votre linge propre, etc. Il y a tant de choses dont on se prive parce qu'on prétend n'avoir pas le moyen de les acheter ! Si on ne détruisait rien inutilement, si on ne laissait rien perdre, on aurait plus facilement de l'argent pour les choses nécessaires. De cette manière on ferait les affaires du papetier et de l'épicier; celles du faïencier n'en iraient pas plus mal, bien au contraire, et la société humaine serait plus riche d'autant.

Si c'est par maladresse que nous cassons quelque objet nous devons le regretter et tacher à l'avenir d'être plus adroits ou plus soigneux, et surtout nous devons être bien convaincus qu'un pareil accident est toujours fâcheux, et que, loin de *faire aller le commerce*, il cause une perte sèche à nous et à l'humanité.

3. On doit recueillir tout ce qui peut être utile. — De même, rien de ce qui peut être utile encore ne doit être détruit ou jeté, puisque c'est priver la société des services que ces objets eussent pu rendre. A ce point de vue, les chiffoniers, dont on n'apprécie peut-être pas assez l'humble rôle, sont fort nécessaires et réparent les torts des gens maladroits ou peu soigneux qui jettent dans la rue des objets dont on peut encore tirer parti.

Tant qu'il y aura à côté de nous, des pauvres, qui souffrent la faim et le froid, qui n'ont pas de pain, pas de couvertures, des vêtements insuffisants, nous sommes coupables de détruire ou de jeter ce qui pourrait leur servir. Il faut recueillir avec soin les choses qui, bien qu'usées ou fanées, ont encore quelque valeur, même quand nous n'en verrions pas l'utilité ou l'emploi immédiat.

4. Un objet perdu est une valeur détruite. — Il faut également tâcher de ne rien perdre. Un objet perdu ou égaré n'est pas, il est vrai, un objet détruit, mais il n'en vaut souvent guère mieux.

Je suppose que je perde mon couteau dans la rue : la personne qui la trouvera pourra s'en servir ; mais le plus souvent elle n'en aura pas besoin, et le couteau sera pour elle sans valeur, tandis que moi, à qui il fera défaut, je serai obligé d'en acheter un autre.

Mais si ce couteau tombe dans l'eau ou dans un champ, il se rouillera complètement, ne pourra plus servir à quoi que ce soit, et le travail qu'il a fallu pour le fabriquer sera décidément anéanti. Supposez qu'il vaille trois francs : c'est l'équivalent de la journée de travail d'un ouvrier qui a disparu, et *« la société est plus pauvre d'autant »*.

Il ne faut pas croire que celui qui trouve un objet sur la voie publique en devienne immédiatement le propriétaire, et puisse le détenir légitimement. La loi prescrit de remettre l'objet trouvé au bureau de police, où le véritable propriétaire peut venir le réclamer. Dans le cas où cette réclamation ne se produit pas, et au bout d'un an seulement, l'objet est remis à celui qui l'a ramassé, et qui peut alors en disposer à son profit.

Quand un trésor caché est découvert par hasard, dans un champ ou dans un vieux mur, souvent l'ancien possesseur n'existe plus depuis longtemps et ne peut venir le réclamer. La valeur du trésor est alors partagée par moitié entre le propriétaire du sol et l'auteur de la découverte.

5. Dommage causé à la société par les dépenses de luxe. — Il existe encore, pour les familles et les sociétés, une autre cause de ruine, c'est le luxe. Les maux qui en sont la conséquence sont des plus graves.

Définissons d'abord le luxe : C'est le résultat d'un désir immodéré de jouissances personnelles; jouissances qui peuvent prendre leur source soit dans des satisfactions exagérées de nos besoins matériels, soit, plus fréquemment encore, dans des satisfactions de vanité. Vous savez que la vanité est un sot désir de se faire remarquer, de paraître plus riche, plus habile que les autres et aussi qu'on ne l'est en réalité.

Toute dépense de luxe est blâmable, car elle détourne nos ressources de leur véritable destination. Le luxe engloutit, sans profit pour personne, sans autre résultat qu'un plaisir égoïste ou un vain chatouillement d'amour-propre, des capitaux considérables, qui sont ainsi perdus pour l'humanité, et qui ne laisseront pas de traces dans l'avenir. C'est un gaspillage des produits du travail.

Il ne faudrait pas croire que les personnes très riches, soient seules exposées à faire des dépenses de luxe, et que le luxe consiste uniquement en beaux ameublements ou en vêtements de grand prix. Un tablier de soie ou un fichu de dentelles pourront parfaitement être du luxe chez une ouvrière qui, pour arriver à se parer se refusera une bonne nourriture ou un logement sain, et compromettra ainsi sa santé.

Comme tous les penchants qui ont leur source dans nos instincts mauvais, la passion du luxe est insatiable. Elle est de plus contagieuse, et détermine dans toutes les classes de la société un funeste emploi de la richesse acquise. Elle s'oppose enfin à la formation de toute richesse nouvelle, puisqu'elle en tarit la source.

6. Danger de l'habitude de contracter des dettes. — Mais ce n'est pas tout ! Bien souvent on ne sait même pas s'arrêter à temps, et bien des gens, entrainés par l'amour du luxe, non contents de dépenser absolument tout leur gain, outrepassent même leurs ressources. On veut être aussi bien ou mieux mis que le voisin, on veut se nourrir comme lui, avoir de plus beaux meubles. Tout cela coûte cher, et alors pour payer on emprunte, on fait des dettes. Au lieu de solder exactement le pain chez le boulanger ou la viande chez le boucher, on les prend à crédit. On oublie qu'acheter à crédit c'est acheter cher.

Mais le jour vient où le boulanger réclame ce qui lui est dû, ù le boucher refuse de fournir sans argent. Ce jour-là on demande à autrui la somme dont on a besoin, on fait des dettes. On se trouve alors sur une pente fatale ; car quand on a commencé à s'endetter on est bien près de se ruiner tout à fait, et on s'expose à faire à son prochain un tort qu'on ne pourra réparer.

J'admets, bien entendu, qu'on a emprunté de bonne foi et avec l'espoir de pouvoir rembourser, car contracter une dette avec l'intention ou la certitude de ne pas la payer, ce serait la même chose que voler.

Le voleur, qui, sur un grand chemin, demande la bourse ou la vie, veut simplement vivre sans travailler, et jouir sans peine du labeur d'autrui. Celui qui prend un objet chez un marchand en promettant de le payer, quand il sait qu'il ne le pourra pas, fait, à la violence près, quelque chose d'analogue ; il veut se procurer des satisfactions sans les avoir gagnées par son travail.

On ne saurait trop se mettre en garde contre l'habitude de faire des dettes. Elle émousse le sens moral, elle crée de graves embarras dans les familles, enfin elle entraine à faire des dépenses qui eussent été évitées, s'il avait fallu payer de suite en tirant l'argent de sa bourse.

7. Nécessité de faire son budget pour les dépenses du ménage. — Un des moyens les plus sûrs pour éviter d'outrepasser ses ressources annuelles, c'est de prendre l'habitude de faire son budget pour les dépenses de sa maison.

Qu'est-ce qu'un budget? C'est la comparaison entre les ressources dont on peut raisonnablement disposer dans le courant d'une année et les dépenses, soit obligatoires soit facultatives, que l'on aura à faire dans le même temps.

Chacun sait d'avance, à peu près exactement, ce que lui rapportera son travail, qu'il soit rémunéré par un traitement fixe ou qu'il soit payé à la journée. Il est donc facile de déterminer au commencement de chaque année la somme dont on peut disposer sans dépasser son revenu.

Il n'est pas beaucoup plus difficile de prévoir les dépenses à faire. On tient compte d'abord de toutes les charges obligatoires : loyer, nourriture, habillement, chauffage, éclairage, blanchissage. L'expérience enseigne ce que coûte, à très peu de chose près, chacun de ces articles suivant le nombre de personnes dont se compose la famille et selon les habitudes que lui impose sa situation sociale. A nous de savoir sagement les restreindre ou les développer en proportion de nos ressources.

Le compte de ces dépenses indispensables une fois fait, si on peut arriver à un excédant de recettes, il faut en mettre la plus grosse part en réserve comme épargne pour l'avenir. Cette réserve, constituant les économies, est un des chapitres obligés du budget.

Une autre part, plus petite, est consacrée aux dépenses imprévues qui peuvent survenir. Si rien ne vient troubler les prévisions premières, elle fera retour au chapitre précédent. Ceci fait, on verra quelles sont, parmi les dépenses facultatives, mais utiles, celles qui peuvent se faire sans inconvénient.

La vie, étant ainsi réglé d'avance, on est à peu près certain, pour employer une expression très usitée, « *de joindre les deux bouts* » à la fin de l'année.

Seuls, la mort ou de graves accidents, peuvent troubler profondément une existence bien ordonnée, et, dans tout ménage sachant préparer son budget, on ne verra jamais s'introduire ce redoutable fléau qu'on appelle les dettes.

8. Dangers de la passion du jeu. — Une autre passion est encore une cause fréquente de ruine pour les familles, c'est le jeu, que l'on doit condamner à la fois comme dangereux et comme immoral. Que cherche en effet le joueur ? La plupart du temps, il cherche à se procurer de l'argent sans avoir travaillé pour le gagner ; n'y a-t-il pas quelque analogie avec le vol ? si les procédés diffèrent, les résultats sont les mêmes, et les produits ont le même sort : « Bien mal acquis ne profite pas », dit le proverbe, il en est ainsi du gain au jeu. Il doit se dépenser au cabaret, c'est la coutume, tous les camarades sont de cet avis ; et du reste, pourquoi s'y refuserait-on ? c'est un argent qui ne provient pas de la bourse du ménage. On oublie que, quand on perd, c'est la bourse du ménage qui paie, et que, par suite, quand par hasard on gagne, c'est elle qui devrait profiter du bénéfice. Mais quel est le joueur qui pense à cela ?

D'ailleurs, le joueur perd plus souvent qu'il ne gagne. Les jeux de hasard sont toujours organisés de façon à ce que le maître du jeu ait plus de chances pour lui que ses clients, et il abuse souvent de ces chances. Il faut bien s'y attendre : quel intérêt aurait-il à faire jouer, si cette opération ne lui rapportait pas de gros bénéfices perçus, bien entendu, sur les joueurs ? Le jeu comme l'ivrognerie, est une passion tyrannique dont on peut difficilement se défaire. Combien d'hommes n'a-t-il pas conduits au crime et au déshonneur ! Combien, après avoir ruiné leurs familles, ont recours au vol pour satisfaire leur penchant ou en masquer les conséquences, et réduisent leurs proches à la honte et au désespoir ! Combien encore, accablés par les désastres qu'ils ont attirés sur leur tête, en arrivent à s'ôter la vie, crime des plus grands que l'homme puisse commettre !

Le jeu ne doit être pour tout honnête homme qu'une distraction, on ne doit jamais jouer pour gagner de l'argent.

9. Maux causés par les procès. — Les procès sont encore une cause d'appauvrissement dans les familles. Bien souvent la cause en est futile, on les engage pour revendiquer un droit au fond peu important. L'affaire commence par un malentendu, l'amour-propre s'en mêle, et pour arriver à un résultat presque insignifiant, on est entraîné à des frais considérables dont la conséquence n'est pas toujours le gain du procès ; à supposer même qu'on le gagnât, on ne serait pas encore dédommagé de l'argent dépensé et du temps perdu. Car, outre les frais inévitables de la procédure, les plaideurs sont obligés à de nombreuses démarches auprès des hommes d'affaires, avocats, etc., ils doivent suivre les audiences des tribunaux. Ils perdent ainsi un temps précieux qu'ils eussent beaucoup mieux employé à travailler pour leur compte. Les Anglais, gens pleins de bon sens pratique, disent que le temps c'est de l'argent : perdre son temps, c'est s'appauvrir.

Et encore, je ne m'occupe ici que du tort matériel que font les procès ; mais combien est plus grand encore le mal moral dont ils sont la cause : inquiètudes de plaideurs, préoccupations fiévreuses sur l'issue de l'affaire, ruptures entre parents, haines entre familles ou entre voisins : car telles sont les conséquences habituelles des querelles judiciaires.

La fortune publique en reçoit aussi une fâcheuse atteinte. L'esprit processif, comme le luxe, provoque la formation et le développement exagéré de professions spéciales, qui emploient des bras et des intelligences, dont l'activité pourrait être utilement appliquée à des occupations plus productives et moins onéreuses pour la société. Faudrait-il autant d'avocats, d'hommes de loi, de magistrats, qu'il y en a en France, s'il n'y avait pas tant de plaideurs ? En échange, nous aurions plus d'agriculteurs, de professeurs, de négociants, d'industriels, dont les efforts contribueraient plus efficacement au développement de la fortune publique.

On a dit avec raison : « *Un mauvais arrangement vaut mieux qu'un bon procès.* » C'est vrai à tous les points de vue. Une légère concession d'intérêt, un louable sacrifice d'amour-propre, valent mille fois mieux qu'une stricte revendication de ce qu'on croit être son droit. On entretient ainsi la bonne harmonie entre parents et voisins, on conserve la tranquillité d'esprit, on économise beaucoup de temps et d'argent.

Je ne veux pas dire par là que lorsqu'il y a mauvaise volonté évidente de la part de celui qui empiète sur nos droits, lorsque nos intérêts sont lésés d'une façon trop sensible, nous ne devions pas nous défendre devant les tribunaux. Mais ce n'est pas le cas le plus fréquent dans les affaires humaines.

10. La guerre est le plus grand agent de destruction des capitaux.—Voyons maintenant les causes de destruction des capitaux où la volonté individuelle n'est plus en jeu. Ce sont malheureusement celles dont la puissance est la plus grande, et les maux qu'elles engendrent sont presque incalculables : d'un côté la guerre, les grèves, les révolutions, de l'autre les fléaux naturels, tels que les incendies, les inondations, les grêles, les sécheresses, etc.

La guerre arme les hommes contre les hommes, les nations contre les nations. Elle détruit un nombre énorme de vies humaines. Ce sont là des capitaux qui auraient dû être productifs pour le bien général. Calculez ce qu'un jeune homme de vingt à vingt-cinq ans a coûté à ses parents d'argent et de sacrifices de toute espèce. Il a absorbé des épargnes considérables et il est au moment de restituer par son travail les avances qui lui ont été faites. S'il vient à mourir sur un champ de bataille, c'est une perte irréparable pour ses parents, comme pour son pays.

La guerre fait, en outre, une effroyable consommation de richesses et de capitaux accumulés. Pour mettre sur pied des armées, les équiper, leur fournir les innombrables engins nécessaires; pour nourrir des milliers d'hommes et de chevaux qui ne font pas de travail, il faut des millions qui sont engloutis sans qu'il en reste trace pour l'avenir. Puis, ce sont des champs dévastés, des récoltes perdues, des industries ruinées, des villes et des villages saccagés, pertes qu'il faut ajouter aux précédentes et dont personne non plus ne profitera.

La guerre est donc un fléau; véritable châtiment

providentiel dont souffre aussi bien la nation qui l'a déclarée que celle qui la subit. Malheureusement elle est parfois nécessaire, et il faut alors savoir verser bravement son sang pour défendre son pays. Il faut surtout s'y préparer à l'avance et faire les sacrifices d'argent nécessaires, afin de n'être pas pris au dépourvu par des agresseurs perfides. Pour les sociétés, comme pour les individus, l'honneur vaut mieux que la richesse.

Ces sacrifices sont considérables, si bien que le fléau appauvrit même les peuples qui échappent à ses horreurs. Ne faut-il pas même en temps de paix exercer des hommes et des chevaux; ne faut-il pas construire et entretenir des fortifications, fabriquer et renouveler l'immense matériel nécessaire aux armées?

Tout cela serait inutile si les hommes savaient vivre les uns à côté des autres sans se chercher querelle. Mais il n'en est pas ainsi, et il ne dépend pas des nations les plus sages d'être à l'abri des invasions des ennemis. Il faut qu'elles se mettent en mesure de les repousser quand ils se présentent, et l'entretien des armées permanentes est actuellement, pour les peuples de l'Europe, une des causes qui contribuent de la manière la plus fâcheuse à paralyser le développement du bien-être général.

11. Les grèves sont, dans l'industrie, l'équivalent des guerres dans la politique. — Ce qui se passe dans le domaine politique entre peuples voisins se retrouve sur un moindre théâtre dans le domaine de l'industrie. Des luttes désastreuses s'engagent parfois entre les patrons et les ouvriers à propos des questions de salaires. Ce sont les *grèves*, dont les effets sont déplorables comme ceux de la guerre. La grève, c'est la suspension complète du travail dans les ateliers : les capitaux chôment, les bras restent oisifs, toute production est arrêtée. La conséquence immédiate des grèves est, pour les patrons, une perte considérable sans aucune compensation; pour les ouvriers, la misère, puisqu'ils ne reçoivent plus le salaire destiné à l'entretien de leurs familles. C'est un malheur et une souffrance pour le pays tout entier.

Il en est donc des grèves comme de la guerre, ce sont des calamités qu'il faut conjurer autant que possible ; mais cependant elles peuvent être nécessaires, dans certains cas, excessivement rares d'ailleurs. La loi reconnaît aux ouvriers le droit de s'entendre pour refuser le travail, quand les conditions qui leur sont offertes leur paraissent léser leurs intérêts ; mais à condition qu'ils s'abstiennent de toute violence et qu'ils laissent à ceux qui ne veulent point prendre part à la lutte, toute liberté de travailler et de continuer à gagner leur vie.

Si légale, si exempte de violence, si justifiée même que puisse être une grève, elle entraîne toujours avec elle son cortège de misères, et on ne doit épargner aucun effort pour l'empêcher d'éclater et pour chercher à établir une entente amiable entre les patrons et les ouvriers.

Il faut que les uns soient assez éclairés pour ne pas faire de demandes impossibles à réaliser, et que les autres soient assez raisonnables pour faire les concessions équitables. Il faut surtout que les ouvriers ne s'abusent pas sur le succès à espérer à l'aide des grèves. L'expérience, en France et en Angleterre, prouve qu'ils sont le plus souvent victimes de l'agitation qu'ils ont provoquée. Après des semaines ou des mois de souffrances, ils sont ordinairement obligés de reprendre leur travail sans avoir obtenu ce qu'ils réclamaient. Quant au temps perdu, ils ne le retrouvent pas. Heureux encore, si leur industrie n'en a pas souffert au point de disparaître de leur pays, et s'ils ne se trouvent pas dans l'obligation d'émigrer pour aller chercher du travail ailleurs.

12. Fléaux naturels qui détruisent les capitaux. — Il nous reste à parler des fléaux naturels et à apprécier leurs effets sur la richesse publique.

Un incendie qui dévore une maison est considéré à juste titre comme un grand malheur. Si c'est par malveillance que le feu a été mis, c'est un crime. Ce n'est pas seulement le propriétaire de la maison qui est ruiné, c'est le pays tout entier qui est appauvri de la valeur de la maison. Supposez qu'elle vaille 5o.ooo fr., n'est-ce pas l'équivalent de ce qui est nécessaire pour l'entretien de cinquante familles pendant un an, et ne doit-on pas éprouver un véritable sentiment de tristesse en voyant un pareil capital anéanti en quelques heures?

Le propriétaire de la maison paraît ne pas souffrir de ce désastre, quand il a eu la précaution de s'assurer, puisque la compagnie d'assurances lui rembourse ce qu'il a perdu. Mais les 5o.ooo fr. qu'elle lui paie, ne sont pas tombés du ciel, il faut les tirer de la caisse de la compagnie et par conséquent les distraire de l'épargne générale de la France. Ils serviront à réparer le mal causé par le sinistre, mais ils ne peuvent plus servir à autre chose ; tandis que si l'incendie n'avait pas éclaté cette somme restait disponible ; on eût pu la consacrer par exemple à construire une autre maison, il y aurait eu alors deux maisons au lieu d'une dans le pays, et par conséquent plus de logements disponibles.

Les inondations, la grêle, les gelées, les épidémies, etc., sont, comme le feu, des fléaux qui détruisent les richesses créées par le travail. Nous sommes encore bien impuissants à en prévenir les effets : notre devoir, cependant, est de chercher par le travail de l'intelligence, par des observations persévérantes, le moyen de les atténuer. Les progrès de la science permettent d'espérer que l'homme n'est pas condamné à rester toujours spectateur impuissant de ces désastres. C'est ainsi que l'emploi du paratonnerre, inventé depuis un peu plus de cent ans seulement, a préservé beaucoup de constructions des effets de la foudre. De grands travaux de barrages, d'endiguements, peuvent mettre les vallées cultivées à l'abri des inondations. L'homme, par le travail, la persévérance, l'intelligence, parvient à combattre et parfois à vaincre les fléaux naturels ; peut-être y réussit-il plus facilement qu'à maitriser ses penchants et à se garder des maux résultant des passions mauvaises que chaque nouvelle génération apporte avec elle en naissant.

Questionnaire de la 7ᵉ Leçon

1. Pourquoi la puissance des capitaux n'a-t-elle pas transformé la surface de la terre ? La destruction des capitaux est-elle nuisible à la Société ? — 2. Casser un objet, est-ce un moyen de faire aller le commerce ? Qu'est-ce qui disparaît alors ? — 3. Quels sont les services rendus par les chiffonniers ? Pourquoi conserver les objets dont on ne voit pas l'utilité immédiate ? — 4. Un objet perdu est-il une valeur détruite ? A qui appartient un objet trouvé ? Que faut-il faire d'un objet trouvé ? — 5. Qu'est-ce que le luxe ? Quel est le mal causé par le luxe dans la société ? dans les familles ? — 6. Pourquoi est-il mauvais d'acheter à crédit ? A quoi s'expose-t-on quand on achète à crédit ? — 7. Qu'appelle-t-on budget ? Quelles sont les principales divisions d'un budget de famille ? — 8. L'argent gagné au jeu profite-t-il à la famille ou à l'épargne ? Où le jeu conduit-il le plus souvent ? — 9. Quelles sont les pertes causées par les procès ? Conséquences morales et conséquences sociales des procès. — 10. Quelles sont les plus grandes causes de la destruction des capitaux ? Comment la guerre détruit-elle des capitaux ? La vie d'un homme représente-t-elle une force productrice ? La guerre est-elle quelquefois nécessaire ? — 11. Les grèves détruisent-elles les capitaux ? Comment produisent-elles ce résultat ? Qui est-ce qui souffre le plus des grèves ? — 12. Quels sont les effets produits par les fléaux naturels ? Dans quelle mesure l'assurance, sous diverses formes, peut-elle y remédier ? Le mal est-il ainsi réparé complètement ? Que faut-il faire pour combattre les fléaux naturels ?

—

SUJETS DE DEVOIRS

1. Cherchez dans l'histoire des différents peuples et dans les sciences naturelles les causes qui empêchent l'action bienfaisante du capital de produire tous ses effets.

2. Appréciez les effets du luxe, du jeu ou des procès sur le bonheur des familles et sur la prospérité des nations.

3. Montrez comme la guerre détruit des capitaux de toutes sortes.

4. Examinez la question des grèves dans l'industrie ; montrez leurs inconvénients et les moyens d'y remédier.

5. Passez en revue les maux causés par certains fléaux naturels et dites ce qu'on peut faire pour les combattre.

HUITIÈME LEÇON

LA RÉPARTITION DES PROFITS DU TRAVAIL

1. Association habituelle du capitaliste et du travailleur dans l'industrie. — 2. Le capitaliste et le travailleur associés courent les mêmes risques et se partagent les profits. — 3. Le métayage, association entre le propriétaire du sol et le cultivateur. — 4. Le salaire a pour but d'exonérer le travailleur des risques industriels. — 5. Le salaire est à la fois une avance et une assurance. — 6. Le salaire répond au besoin de fixité naturel à l'homme. — 7. Le travail à la tâche est une combinaison intermédiaire entre l'association et le salaire. — 8. Les sociétés coopératives ont pour but la collaboration du travail et des capitaux des ouvriers. — 9. Conditions de succès des sociétés coopératives. — 10. Les sociétés de consommation ne sont pas des sociétés coopératives. — 11. Causes du succès des sociétés de consommation. — 12. Rôle des intermédiaires dans la vie sociale.

1. Association habituelle du travailleur et du capitaliste dans l'industrie. — Nous avons vu que le capital sans le travail est stérile, et que le travail sans le capital est impuissant à assurer le bien-être de l'homme. Quand le travailleur dispose lui-même du capital qui lui est nécessaire, les profits de l'opération qu'il exécute lui appartiennent en entier, soit qu'il possède en propre ce capital, soit qu'il le détienne en location. Dans ce dernier cas, il doit seulement rendre le capital emprunté avec le prix du loyer ou l'intérêt convenu.

Mais les choses sont loin de se passer toujours ainsi :

L'homme ne fait presque jamais effort isolément, et dans l'opération complexe de la production on retrouve, comme dans le travail lui-même une certaine division de fonctions. Parmi les producteurs, les uns fournissent le capital, les autres le travail ; chacun d'eux apporte sa part à l'œuvre commune, selon ses moyens. Une fois le produit obtenu, que ce soit du blé, des vêtements, ou tout autre objet, il faut assurer à tous une juste rémunération, aux uns pour le travail qui vient d'être fait, aux autres pour le travail épargné antérieurement et fourni sous forme de capital.

2. Le travailleur et le capitaliste associés courent les risques de l'opération et se partagent les profits. — Il faut donc établir un mode de répartition des profits. L'expérience règle en général le partage à faire suivant la part que chacun a prise à l'œuvre de la production.

Nous avons deux exemples intéressants de la répartition des profits dans ces associations élémentaires : l'un sur les bords de la mer, consiste dans le partage du produit de la pêche entre les pêcheurs et le patron de la barque ; l'autre dans les campagnes, admet le partage du produit de la terre entre le propriétaire et le cultivateur.

Un marin qui possède une barque ne peut la gouverner ni la manœuvrer à lui seul ; il ne peut seul tendre et retirer les lourds filets de pêche, qui ont souvent plus de 5o mètres de longueur. Pour y réussir, il s'associe avec quelques-uns de ses voisins qui n'ont ni barque ni filets.

Le patron de pêche, c'est ainsi qu'on le nomme, fournit d'abord son travail, car il concourt à la manœuvre comme les autres hommes de l'équipage, puis il fournit le capital nécessaire, savoir la barque et les filets. De plus, il expose son capital, car tout ce matériel peut périr dans un de ces accidents si fréquents le long de nos côtes. Dans tous les cas, il est obligé de l'entretenir en bon état et de le réparer à ses frais. Il est donc juste que sa rémunération soit notablement supérieure à celle de ses compagnons qui n'apportent que leurs bras.

Dans ces conditions, la coutume est de répartir les produits de la pêche en trois parts égales : l'une pour le bateau, la seconde pour le patron, la troisième pour l'équipage.

La part du bateau représente la rente du capital et l'assurance contre les risques de perte, si grands à la mer.

La part du patron est le prix de son travail, de son intelligente direction, car c'est lui qui est chef de l'entreprise ; elle est en outre destinée à couvrir les frais d'entretien de la barque et des filets.

Enfin la part de l'équipage, répartie également entre les différents hommes qui le composent, est la rémunération de leur travail de la journée, car ils ne reçoivent pas d'autre salaire. Si la pêche a été abondante la journée est bonne, si la pêche a été médiocre la journée ne donne que peu ou point de profit.

Le caractère de ce premier mode d'association du travail et du capital est donc que l'un et l'autre participent aux risques de l'entreprise. Si le temps est mauvais le patron revient les mains vides, le capital n'a pas de rémunération ; mais les hommes qui ont prêté le concours de leurs bras ne retirent rien non plus de leur travail.

Les membres d'une pareille association doivent être actifs, car le produit de la pêche serait médiocre s'ils se laissaient aller à l'oisiveté ; ils doivent surtout être prévoyants, car s'ils n'économisaient rien sur le produit des bonnes pêches, ils éprouveraient, eux et leurs familles, de cruelles privations quand viendraient les jours mauvais.

3. Le métayage, association entre le propriétaire du sol et le cultivateur. — Pour la culture de la terre, il se forme, entre le propriétaire du sol et le cultivateur, une association appelée le *métayage*, analogue à celle des pêcheurs sur les côtes de la mer. Lé propriétaire du sol fournit le capital, le métayer fournit le travail. Celui-ci laboure la terre, la fume, l'ensemence ; puis, la récolte faite, il partage le produit avec le propriétaire. De ce partage, qui se fait généralement par parties égales, est venu le nom du *métayer* : il cultive la propriété, moyennant prélèvement de la moitié des fruits pour la rémunération de son travail.

Le propriétaire semble ne rien faire ; pourtant, en fournissant le capital, il fournit du travail épargné antérieurement et sans lequel le métayer ne pourrait pas vivre.

Dans le métayage, comme dans les entreprises de pêche, les risques du capital, tels que bâtiments, etc., et les frais d'entretien sont à la charge du propriétaire. Il court ensuite les chances variables de la récolte dont le produit est tantôt bon, tantôt mauvais, chances que le cultivateur subit comme lui, puisque toute la rémunération du métayer consiste dans la moitié de la récolte. Celui-ci doit donc aussi être prévoyant, et constituer de sérieuses épargnes dans les bonnes années, pour parer au déficit des années improductives.

Dans plusieurs de nos provinces en France, la culture de la vigne se fait aussi à mi-fruit ; or il se présente souvent des séries d'années où la gelée, la grêle, les intempéries détruisent la récolte ; quelquefois dix années s'écoulent avant qu'une année d'abondance vienne combler les déficits des années précédentes. Comment vivraient le propriétaire et le vigneron, s'ils consommaient immédiatement tout le produit de la récolte sans souci de l'avenir ?

Du reste, même en admettant qu'il fasse une bonne récolte chaque année, le métayer doit encore savoir se ménager des avances suffisantes pour vivre, pendant les huit à dix mois qui s'écoulent entre la vente de deux récoltes successives ; la récolte ne se fait qu'une fois par an et on mange tous les jours. C'est sous cette forme que, tout d'abord, la nécessité de la prévoyance et de l'épargne lui apparaissent nettement. Il voit fort bien les soufrances auxquelles s'exposent ceux qui ne sont ni prudents ni économes.

4. Le salaire a pour but d'exonérer le travailleur des risques industriels. — Dans les systèmes d'association précédents, l'ouvrier, pêcheur ou métayer, se trouvera donc dans l'impossibilité de nourrir sa famille, s'il n'a pas eu le soin de prélever une réserve suffisante sur ses gains antérieurs, ou si quelques circonstances imprévues l'ont empêché de le faire.

Pour sortir de cette situation difficile, on a eu recours a un autre système de répartition des profits de l'entreprise. C'est le *salaire* ou le travail payé à la journée. Ce système, comme on va le voir, constitue un véritable progrès, si on le compare à celui qui laisse peser les risques de l'entreprise aussi bien sur les ouvriers que sur les patrons ou propriétaires.

Le capitaliste, outre les fonds qu'il consacre à l'entreprise, possède en général assez d'avances en argent pour qu'il lui soit facile d'en attendre le résultat. De plus, son éducation a dû le rendre plus prévoyant et plus économe qu'un simple journalier ; par suite, il peut plus aisément supporter les chances d'insuccès ou les périodes mauvaises de l'œuvre qu'il entreprend. De là est venue l'idée toute naturelle de lui imposer entièrement ces chances et d'en exonérer les ouvriers qu'il associe à sa tâche.

Il offre alors à ceux qui travaillent avec lui ou pour lui, de leur payer, par chaque jour de travail, un prix fixe et convenu à l'avance. Par là l'ouvrier acquiert deux avantages notables : il est à l'abri des risques provenant des mauvaises récoltes, de la mauvaise fabrication des produits et de l'incertitude des conditions de vente ; il est, de plus, dispensé d'attendre que le produit ait été récolté ou fabriqué et vendu pour toucher la part qui lui revient.

Vous n'ignorez pas que, quand il s'agit de produits industriels, il peut s'écouler six mois, un an, deux ans et même plus, avant qu'un objet arrive aux mains du consommateur qui en paie définitivement le prix. Considérez par exemple ce qu'il faut de temps pour qu'un écheveau de soie soit transformé en cravate et mis à votre cou. Le teinturier, le tisseur, le fabricant, le marchand, se le passent successivement de main en main ; ceux qui ont contribué à sa fabrication devraient attendre bien trop

longtemps, s'ils n'étaient rémunérés que le jour où cette
cravate sera achetée par la personne qui doit s'en servir.

**5. Le salaire est une avance et une assu-
rance.** — Dans le système du salaire, la rémunération
du travail est établie d'après sa durée et non d'après la
quantité de produits obtenus. Le chiffre en est ordinairement fixé avant même que le travail soit commencé, et
il est dans la plupart des cas, payé avant que le produit
soit terminé.

Le salaire est indépendant du résultat du travail. Le
taux de la journée est établi d'après la connaissance que
le patron a de l'habileté et de la bonne volonté de celui
qu'il emploie, d'après les usages locaux, et non pas d'après
les profits que donnera l'industrie. Le salaire ne diminue
pas avec les pertes que pourra subir le fabricant, mais il
n'augmente pas non plus avec les bénéfices qui pourront
être réalisés plus tard, car ces bénéfices n'existent généralement pas au moment où l'ouvrier touche le prix convenu
pour sa journée de travail.

On peut définir le salaire une *avance* sur le produit du
travail et une *assurance* contre les chances de perte dans
l'industrie.

L'avance est faite par le propriétaire ou le fabricant,
qui doit pour cela posséder ou se procurer les capitaux
nécessaires. C'est lui également qui se charge d'assurer
ses ouvriers contre les risques de l'entreprise commune,
puisque c'est lui qui assumera les pertes si la récolte est
mauvaise, si les produits manufacturés se détériorent
ou ne se vendent pas bien. Il rend donc par là un véritable service aux ouvriers qu'il emploie.

Mais en ce monde tout service doit se payer, et
l'ouvrier paie en réalité le service que lui rend le patron.
En échange du moyen que lui donne celui-ci pour vivre
sans attendre la vente des produits et en échange d'une
rémunération constante, même si l'opération ne réussit
pas, l'ouvrier abandonne sa part dans les bénéfices de
l'entreprise s'il y en a.

Quand on assure sa maison contre l'incendie, il faut

payer annuellement une somme que l'on appelle la *prime*. C'est un sacrifice d'argent que l'on fait pour ne pas tout perdre, si le feu vient à prendre à la maison. En demandant à être payé à la journée, l'ouvrier paie aussi une prime d'assurance, qui consiste dans l'abandon des participations aux profits éventuels à espérer de la collaboration du travail et du capital, en échange de la certitude de ne subir aucune perte, s'il y a des mécomptes.

6. Le salaire répond au besoin de fixité, naturel à l'homme. — Le grand avantage de ce mode de rémunération du travail, c'est la fixité du prix de la journée et le paiement presque immédiat de ce prix, du moins à des époques bien déterminées et peu éloignées. Au lieu de vivre dans l'attente et dans l'incertitude sur le résultat de son travail, l'ouvrier sait chaque jour sur quoi il peut compter. Il ne passe pas successivement par des périodes d'abondance qui lui font croire qu'il est devenu riche et qu'il peut satisfaire toutes ses fantaisies, puis par des périodes de privations et de souffrances qui lui font cruellement expier son défaut de prévoyance.

L'ouvrier payé à la journée peut établir d'avance son budget domestique. Il sait ce qu'il peut dépenser chaque jour, puisqu'il sait ce qu'il recevra dans le même temps.

Les hommes éprouvent naturellement un tel besoin de fixité dans leur manière de vivre, que la plupart d'entre eux préfèrent être rétribués à la journée, plutôt que de participer à des risques, même dans le cas où ils auraient pour cela des avances suffisantes. Ils souscrivent volontiers à une diminution dans le profit du travail, en échange d'un salaire régulier et constant.

C'est le meilleur moyen pour ceux qui sont attachés à leur famille de pouvoir s'établir dans leur pays, souvent dans le même quartier que leurs parents. Ils sont de cette façon assurés d'y rester longtemps et de pouvoir à leur tour y élever leurs enfants. Ceux au contraire qui courent les aventures sont obligés de déménager souvent, de changer de pays, parfois de métier, et si quelques-uns réussissent, combien d'autres, en fin de compte, donnent raison au vieux proverbe : « *Pierre qui roule n'amasse pas mousse.* »

Dans les pays civilisés, les mœurs, les habitudes rendent encore plus grand ce besoin de fixité ; aussi ne faut-il pas s'étonner si, dans ces pays, le nombre des personnes salariées, c'est-à-dire vivant de leur salaire journalier, est considérable. Car, notez bien ceci, ce ne sont pas seulement les ouvriers qui reçoivent un salaire à la journée ou à la quinzaine. Le commis de magasin, l'employé d'une administration, le juge dans un tribunal, ou le préfet d'un département sont aussi des salariés ; que leur rémunération soit mensuelle ou annuelle, qu'on les nomme traitement ou appointements, peu importe, c'est toujours une somme fixe qui leur est payée par jour pour les services rendus, pour le travail fait. C'est un salaire.

7. Le travail à la tâche est une combinaison entre l'association et le salaire.

— Le travail à la journée a cependant un grave inconvénient : que le travail soit bien ou mal fait, qu'il avance vite ou lentement, le salaire reste le même. L'ouvrier à la journée n'a d'autre mobile pour bien faire que le sentiment du devoir et l'amour de son métier. Ces deux stimulants peuvent être et sont en général insuffisants, et il est ordinairement utile que l'intérêt personnel vienne s'y joindre.

Aussi un nouveau progrès a-t-il été introduit dans le mode de rémunération du travail : c'est le paiement du travail *à la tâche.*

L'ouvrier, qui possède les outils de sa profession et des avances suffisantes pour vivre jusqu'à l'achèvement d'un travail déterminé, propose au patron de travailler non plus à la journée, mais *à la pièce* ou à la quantité d'ouvrage exécuté ; il garantit en outre la bonne exécution de son travail. Il consent donc en somme à laisser différer le paiement de sa main-d'œuvre et à courir les risques de la mal-façon. Dès lors la rémunération du travail à la tâche, dans les conditions normales, doit être supérieure à celle du travail à la journée. L'habileté de l'ouvrier lui fera éviter les risques auxquels il s'expose si le travail est mal fait, et c'est précisément ce qui justifie l'augmentation du profit. Il est naturel que l'homme habile tire un meilleur parti de ses efforts que celui qui est maladroit ou ignorant.

Le travail à la tâche est plus lucratif que le travail à la journée pour l'ouvrier actif et intelligent, car il dépend de lui de soigner son œuvre et d'en hâter l'achèvement. Le patron y trouve aussi son compte : il a moins de frais de surveillance, et l'intérêt de l'ouvrier lui répond de la bonne exécution du travail.

Ce système est donc avantageux, à la fois, pour le capitaliste et pour le travailleur, et il est à recommander toutes les fois que la nature des opérations industrielles le comporte. Il est d'ailleurs souvent appliqué : le maçon qui se charge d'élever un mur à cinq francs par mètre cube de maçonnerie, la couturière qui fait une robe à .façon, l'avocat qui se charge de plaider une affaire pour une somme fixée à l'avance, travaillent à la tâche.

Lorsque l'ouvrier s'est procuré une somme suffisant à l'acquisition des matières premières nécessaires pour l'exécution de son travail, il peut devenir un petit entrepreneur ; quand il fait travailler d'autres ouvriers sous ses ordres, on l'appelle *un tâcheron*. Dans ce cas, il prend une part plus considérable dans les bénéfices de l'opération, s'il la mène habilement ; mais aussi, il s'expose, s'il ne réussit pas, à perdre à la fois son travail et les avances d'argent qu'il a faites pour payer les salaires ou les matériaux mis en œuvre.

8. Les sociétés coopératives ont pour but la collaboration du travail et des capitaux des ouvriers. — Peut-on trouver une combinaison qui, dans la répartition des profits, assurerait aux ouvriers le bénéfice entier des opérations industrielles ? Cela n'est pas impossible, si, comme le veut la nature des choses, les ouvriers fournissent eux-mêmes le capital nécessaire à l'entreprise, s'ils savent la diriger et la mener à bonne

fin; si, en somme, ils sont en état de se. transformer
en tâcherons. Dans ce cas, les ouvriers sont à la fois capitalistes, entrepreneurs et travailleurs ; ils renoncent au
bénéfice de la division du travail pour cumuler entre
leurs mains ces différentes fonctions ; mais l'expérience
prouve qu'ils y réussissent rarement.

Cependant, quelques économistes séduits par la perspective d'améliorer le sort matériel des ouvriers, ont beaucoup prôné ces sortes d'associations ouvrières, et ils ont
cru trouver dans les *sociétés coopératives de production*
la solution de la question sociale.

Qu'est-ce donc qu'une société coopérative ? C'est une
réunion d'ouvriers de même métier et possesseurs chacun
d'un petit capital. Ils mettent leurs économies en commun
pour former le fonds social indispensable à toute entreprise. Il en résulte tout d'abord que tout ouvrier, qui n'a
pas à sa disposition ce petit capital, est forcément exclu
de la société.

En second lieu, comme l'entreprise ne peut être
dirigée par tous les membres à la fois, il faut qu'ils délè-
guent à l'un d'eux le soin de la gestion, qu'ils lui confient
au milieu d'eux le rôle de patron. Celui-ci est chargé de
recevoir les commandes, de faire les achats et les ventes,
de répartir le travail entre les associés, qui doivent
lui obéir, s'en rapporter à lui, et avoir en lui une confiance entière. S'il ne se trouve pas parmi eux d'homme
capable de remplir avec intelligence et probité les fonctions de gérant, ou si les associés, jaloux de son autorité,
cherchent à s'immiscer dans la direction de l'entreprise,
elle est bien près d'être compromise.

Enfin, comme les membres de la société n'ont d'autre
rémunération que la répartition des profits, égale entre
eux tous, il faut que tous travaillent également, avec le
même zèle et la même habileté ; sans cela les meilleurs
ouvriers seraient lésés, des dissentiments ne tarderaient
pas à naître, et ils auraient pour conséquence forcée la
dissolution de la société.

9. Conditions de succès des sociétés coopératives. — Une pareille association ne peut donc durer que si elle réunit des ouvriers animés d'un même esprit, se connaissant bien, et sachant qu'ils peuvent compter les uns sur les autres. Il faut qu'ils unissent à l'esprit d'économie, l'intelligence et la docilité, la générosité de sentiments et l'amour du travail. On voit d'après cela que les sociétés coopératives seront toujours une exception, car elles supposent chez ceux qui en font partie, d'abord des avances d'argent, fruit de leurs épargnes antérieures, puis des qualités morales et professionnelles toujours rares.

Les sociétés, qui ont réussi, se composent, en effet, d'ouvriers peu nombreux, économes, rangés, soumis au gérant, et confiants dans la loyauté mutuelle des sociétaires. Aussi toutes les fois qu'ils ont dû, pour étendre leurs opérations, faire appel à d'autres ouvriers, les associés primitifs ont fait travailler les nouveaux venus à la journée sans leur donner de part dans les bénéfices. Ils se sont comportés vis-à-vis d'eux comme de simples patrons, ou comme des capitalistes ordinaires.

Cela prouve que les sociétés coopératives ne peuvent avoir pour résultat de supprimer le système du salaire. Elles ont seulement l'avantage de faciliter aux bons ouvriers le moyen d'augmenter la rémunération de leur travail. On doit donc se réjouir de les voir se former lorsqu'elles remplissent les conditions voulues, mais il convient aussi de mettre en garde contre des illusions fâcheuses les ouvriers économes, qui, séduits par les promesses des fondateurs de sociétés coopératives, s'y engageraient à la légère. Ils s'exposeraient à voir leurs économies absorbées par une faillite désastreuse.

Le moyen le plus sûr que des hommes actifs et intelligents aient à leur disposition, pour utiliser le petit capital qu'ils ont ont pu amasser, c'est de l'employer à exécuter des travaux à la tâche ou à forfait. De cette façon, ils s'assurent une meilleure part dans les profits, sans s'exposer aux conséquences des mauvaises affaires, si difficiles à prévoir et à éviter dans le commerce et l'industrie.

10. Les sociétés de consommation ne sont pas des sociétés coopératives. — On a appelé également du nom de sociétés coopératives un autre genre d'association qui a pour but de procurer à ses adhérents les denrées alimentaires de toute espèce à plus bas prix que chez les débitants ordinaires. Le nom est mal choisi, car il n'y a pas de coopération de la part des associés, et il ne s'agit pas de répartir d'une façon ou d'une autre les profits du capital et du travail. Ce sont simplement des *sociétés de consommation.*

Ces associations réussissent presque toujours à faire réaliser des économies notables aux sociétaires, en même temps qu'elles leur imposent d'excellentes habitudes d'ordre et de régularité. Elles ne méritent donc que des éloges et des encouragements. Voici comment elles fonc-tionnent :

Un certain nombre de personnes [dans ce cas, plus il y en a, mieux cela vaut] se réunissent dans le but d'acheter en commun les objets de consommation ordinaires, tels que charbon, pain, vin, viande, sucre, café et autres denrées d'épicerie. Elles peuvent alors les obtenir en gros et à des prix bien plus avantageux qu'au détail. Les sociétaires versent une petite somme, comme fonds de roulement pour faire les achats, louer un magasin et rétribuer le gérant chargé de la vente et de la compta-bilité.

Une fois le magasin organisé, les sociétaires viennent y acheter, à des heures et à des jours déterminés, ce dont ils ont besoin pour la consommation de leur ménage. Tout leur est vendu au *prix de revient* et ils *payent comptant.* Cette dernière condition en particulier est de rigueur.

11. Causes du succès des sociétés de consom-mation. — Tel est le mécanisme bien simple de ces sociétés. Elles arrivent à livrer les denrées alimentaires à 15 ou 20 % au-dessous des prix courants des autres marchands. Cette réduction considérable paraît au premier abord surprenante et on pourrait être tenté de croire que le commerce ordinaire vend ses denrées notablement trop cher. Cela peut arriver en effet, mais la différence tient, en somme, à d'autres causes dont il est facile de se rendre compte.

Prenons un boulanger par exemple. De quoi se composent ses dépenses ? Outre l'achat des farines et leur manutention, frais que la société de consommation ne peut ni éviter ni diminuer, le boulanger doit louer une boutique dans une rue fréquentée par les acheteurs, et elle lui coûte souvent fort cher. Il doit y rester tout le jour pour y attendre ses clients. Il faut qu'il se conforme à leurs diverses exigences : les uns veulent du pain long, les autres du pain rond ; aux uns il le faut peu cuit, aux autres très cuit. Le nombre des clients peut varier chaque jour, il faut donc toujours fabriquer plus qu'on n'est assuré de vendre, de là des pertes inévitables.

Enfin, le boulanger est souvent obligé de faire crédit à des gens qui ne le paient pas toujours. Il est contraint pour se couvrir des pertes que lui font subir les débiteurs infidèles, de s'indemniser aux dépens de ceux qui paient exactement ; sans cela il ne pourrait s'en tirer.

Bien différente est la position d'une société de consommation dont les membres s'engagent à se contenter des objets qui sont dans le magasin commun. Le local est peu coûteux, il n'a pas besoin d'être luxueux ni placé dans un quartier fréquenté. Les jours et les heures de vente étant fixés d'avance, le gérant n'est pas tenu de rester au magasin plus longtemps qu'il n'est nécessaire. Enfin, tout s'y vendant au comptant, les mauvais payeurs sont inconnus, et ce n'est pas le moindre des services que rendent ces associations que d'habituer les sociétaires à ne pas acheter à crédit.

Les denrées y sont d'ailleurs en petit nombre, comparées à la quantité d'articles qu'on voit dans un fonds ordinaire d'épicerie ; il y a donc beaucoup moins de chances de déchets, d'avaries, et de pertes par suite du non débit de certains objets.

Toutes ces circonstances concourent évidemment au succès de ces sociétés, et expliquent comment elles permettent aux adhérents de réaliser le bénéfice considérable que nous avons mentionné plus haut. C'est pour les associés identiquement le même résultat que s'ils recevaient une augmentation de salaire équivalente.

Les sociétés de consommation réussissent mieux pour réaliser la réduction des dépenses d'achats de denrées que les sociétés coopératives de production ne réussissent en général pour l'augmentation des profits du travail. C'est là ce qui me fait insister sur l'importance des premières.

12. Rôle des intermédiaires dans la vie sociale. — Le rôle des sociétés de consommation consiste, en somme, à supprimer ce qu'on appelle les intermédiaires dans le commerce de détail. On se plaint souvent de la part de profit que les intermédiaires prélèvent sur les consommateurs. C'est à tort, car on est libre de recourir à eux ou de s'en passer. Si on va chez eux, c'est qu'on y trouve avantage ou commodité, et tous ceux qui rendent des services ont le droit de se faire rétribuer.

Si l'épicier procure des objets qu'on ne peut pas se procurer ailleurs, si le boulanger fournit des pains de fantaisie, ce sont des services qu'il faut payer.

C'est aussi le cas des marchands en gros, des courtiers. Ils font avec leurs capitaux des avances aux producteurs et aux fabricants. Ils achètent au laboureur, au pêcheur, au maître de forges, du blé, du poisson ou du fer, dont la valeur ne leur sera remboursée que le jour où le consommateur viendra demander ces objets pour son usage. Ils restent exposés pendant ce temps aux pertes que peuvent leur causer des variations dans les prix ou les détériorations inévitables que subissent de grandes quantités de marchandises entassées dans des magasins.

Ils sont du reste à même de faire payer les services de ce genre aussi bon marché que possible par suite de l'expérience qu'ils ont acquise. Ils savent mieux que personne où l'on peut acheter les produits à bon marché, comment on peut les transporter économiquement, comment on peut les conserver. C'est en cela que consiste le métier des intermédiaires et c'est ainsi qu'ils se rendent utiles à la société. On ne peut songer à se passer d'eux; on peut seulement restreindre leur rôle dans certaines circonstances déterminées, et à l'aide d'associations spéciales, comme les sociétés de consommation.

Questionnaire de la 8ᵉ Leçon

1. A qui doivent appartenir les produits de l'industrie humaine ? Est-ce toujours la même personne qui fournit le travail et le capital. — 2. Peut-on répartir les profits entre celui qui travaille sans capital et celui qui fournit le capital sans travailler ? Le capitaliste travaille-t-il aussi ? Donner un exemple d'association de ce genre. — 3. Le métayer est-il associé au propriétaire du sol ? Quels sont les risques que court le métayer ? Que doit-il faire lors des bonnes récoltes ? — 4. Quel est le moyen d'éviter les inconvénients de ce genre d'association ? Quels sont les avantages du salaire ? — 5. Sur quelles bases s'établit le salaire ? N'est-il pas une avance sur le produit du travail ? N'est-il pas aussi une assurance contre certains risques ? Comment l'ouvrier paie-t-il les services rendus par celui qui lui paie le salaire ? — 6. Conséquence ordinaire du salaire. D'où vient le désir de fixité chez les hommes ? Les ouvriers reçoivent-ils seuls des salaires ? Comment sont rétribués les fonctionnaires publics ? — 7. Inconvénients du salaire. Y a-t-il encore un autre mode de paiement du travail. Que faut-il pour qu'un ouvrier prenne du travail à la tâche ? Quelles sont les conséquences du travail à la tâche pour l'ouvrier ? Quelles sont les conséquences pour le patron ? — 8. Qu'est-ce qu'une société coopérative ? Comment doit-elle être dirigée ? Que doivent faire ceux qui en font partie ? — 9. Quelles sont les qualités nécessaires aux sociétaires ? Ces sociétés réussissent-elles toujours ? Pourraient-elles faire disparaître le salaire ? — 10. Qu'est-ce qu'une société de consommation ? Comment se forme-t-elle ? Exige-t-elle du travail des Sociétaires ? — 11. Quels sont les avantages des sociétés de consommation ? Quelle est la cause

*des bénéfices qu'elles procurent ? — 12. Quel est le rôle
des intermédiaires pour la vente ? Rendent-ils des services ? Sont-ils exposés à des pertes ? Ne doivent-ils pas
acquérir et posséder des connaissances spéciales ?*

SUJETS DE DEVOIRS

1. Enumérez les diverses formes d'association qui permettent au capital
et au travail de s'unir pour coopérer à la production de la richesse dans
notre pays.

2. Exposez la théorie, les avantages et les inconvénients du métayage.

3. Montrez l'origine du salaire et ses avantages propres. Signalez les
circonstances où il est en usage et les formes diverses qu'il peut prendre.

4. Définissez les sociétés coopératives de production et de consommation, les conditions auxquelles est attachée leur réussite, et appréciez le
rôle des intermédiaires qu'elles cherchent à remplacer.

NEUVIEME LEÇON

LA PROPRIÉTÉ FONCIÈRE

1. La terre produit les objets auxquels l'homme applique son travail. — 2. La jouissance des produits du sol doit être assurée à celui qui le cultive. — 3. Le travail est la véritable origine de la propriété du sol. — 4. La surface du sol, objet de la propriété, est limitée. — 5. La force productive du sol est le résultat d'un travail antérieur. — 6. La richesse ne consiste pas uniquement dans la propriété du sol. — 7. Erreurs des communistes qui proposent le partage des propriétés. — 8. Le partage des biens ne ferait pas disparaître la souffrance sur la terre. — 9. Exemple du résultat auquel aboutirait le partage des biens. — 10. L'exploitation en commun du sol est condamnée par l'expérience. — 11. L'égalité obligatoire des salaires est une forme du communisme. — 12. L'organisation artificielle du travail est contraire à la nature des choses. — 13. Conséquences du droit de propriété. Les donations, Les testaments. — 14. Les propriétés foncières ne sont pas les seuls biens qu'un père puisse transmettre à ses enfants.

1. La terre produit les objets auxquels l'homme applique son travail. — Dieu seul a pu créer la matière, l'homme est impuissant à le faire, et le travail humain, quelque perfectionné qu'il soit, n'a jamais rien fait sortir du néant. L'homme se borne à tirer parti des produits naturels ; il les transporte, les met en œuvre, il leur applique son travail et leur donne une valeur en les rendant propres à satisfaire ses besoins. Ces produits naturels, c'est la terre seule qui les fournit : c'est elle qui donne le blé qui nous nourrit, le bois ou le charbon qui nous réchauffent, les matériaux de nos maisons, les éléments de nos vêtements ; c'est à elle et toujours à elle que l'industrie humaine doit demander les matières premières sur lesquelles elle exerce son activité.

Mais comment obtenir ces matières premières ? Le sol ne nous les offre pas spontanément, ni en quantités illimitées. Bien plus, si nous considérons en particulier les produits nécessaires pour satisfaire nos premiers et nos plus impérieux besoins, comme le blé, les légumes ou les fruits que nous consommons journellement, nous voyons que la terre ne les donne pas sans culture : abandonnée à elle-même, elle se couvre de ronces et de chardons, d'herbes inutiles pour notre alimentation, d'arbres aux fruits chétifs et dégénérés. La terre ne produit donc que par la culture, c'est-à-dire par le *travail*. Dans les pays méridionaux, sous des climats très chauds, le sol plus favorisé, peut, parfois il est vrai, fournir sans travail préalable, quelques fruits propres à la nourriture de l'homme. Mais n'envions pas, aux habitants de ces régions, des avantages qui ne sont qu'une bien faible compensation aux maladies graves des climats tropicaux, aux animaux malfaisants qui y pullulent. Lorsque d'ailleurs ils parviennent à s'élever à un certain degré de civilisation, c'est au travail seul qu'ils le doivent et nullement aux ressources spontanées du sol qu'ils occupent.

2. La jouissance des produits du sol doit être assurée à celui qui le cultive. — Ce qui précède fait comprendre l'importance de la culture du sol pour le développement des sociétés humaines. Pour que l'humanité prospère, il faut que l'homme travaille le sol sans relâche. Mais la condition première, la condition indispensable pour qu'il se livre à un pareil travail, c'est qu'il soit sûr de moissonner ce qu'il a semé ; c'est qu'il ait le droit de jouir seul des produits de la récolte.

Or la nature a mis en général un intervalle de plusieurs mois entre ces deux principales opérations du laboureur : entre les semailles et la moisson ; il faut donc que, pendant cet espace de temps tout au moins, le cultivateur

ait la possession exclusive du champ qu'il a travaill[e]
il faut que personne n'ait de droit sur cette terre et [n]
puisse nuire à la quantité ou à la qualité de la récol[te]
espérée.

Telle est la raison d'être de ce qu'on appelle la *proprié[té]*
foncière, c'est-à-dire à la jouissance garantie par la lo[i]
d'une portion du sol pour une durée de temps déte[r]
minée.

Cette durée pourrait être d'une ou de plusieu[rs]
années seulement, mais tous les peuples civilis[és]
sont arrivés à laisser à perpétuité la propriété d[u]
sol entre les mains de ceux qui le détiennent légit[i]
mement. L'expérience a en effet enseigné que c'était [la]
meilleure manière de faire rendre à la terre la pl[us]
grande somme de produits. Supposez, par exemple, qu'u[n]
cultivateur sache qu'une fois la récolte faite, le cham[p]
qu'il a travaillé passera en d'autres mains, croyez-vo[us]
qu'il le labourera bien profondément, qu'il y emploie[ra]
des engrais coûteux. Croyez-vous, en un mot, qu'il co[n]
sacrera à cette terre un labeur, une intelligence, d[es]
capitaux dont le profit le plus net serait retiré par cel[ui]
qui prendrait sa place l'année suivante?

Il faut avoir la perspective de jouir d'une proprié[té]
pendant de longues années pour y faire toutes les d[é]
penses, pour y prendre toutes les mesures nécessaires [à]
une production abondante, et pour concourir ainsi a[u]
but que se proposent toutes les sociétés civilisées: l'aug[
mentation du bien-être, et le développement de la popu[
lation basé sur l'augmentation des moyens de subsis[
tance. De là est venue l'organisation de la proprié[té]
foncière sous la forme que vous lui connaissez : Elle e[st]
individuelle et elle est, sauf de rares exceptions, *perpé[
tuelle* et *héréditaire*.

**3. Le travail est la véritable origine de la pro[
priété du sol.** — Ce ne sont pas seulement les champ[s]
cultivés qui, sous le nom de propriété foncière, ont é[té]
ainsi attribués à des propriétaires. Il en est de même d[es]
maisons, des usines, des chutes d'eau, des carrières, d[e]

mines, en un mot, de toute partie du sol qui a exigé du travail pour donner des résultats utiles.

Prenons comme exemple une mine de charbon de terre. On pourrait croire *a priori* que le charbon a en lui-même une grande valeur ; cependant, que de points où le charbon existe sous terre et où cependant aucune mine n'est en exploitation, simplement parce que l'extraction coûterait trop cher. La nature nous le donne gratuitement, à condition que nous allions le chercher ; sa valeur lui vient uniquement de la somme des journées de travail qu'il a coûtées et de l'intérêt des capitaux employés à faciliter l'extraction.

Or, il faut des capitaux considérables pour préparer l'exploitation des mines : il y a des puits à creuser, des galeries à ouvrir et à boiser, des sources souterraines et les infiltrations à épuiser, etc. Personne n'entreprendrait de pareils travaux et n'assumerait de pareilles dépenses, sans l'espoir fondé d'en retirer un bénéfice dans un temps plus ou moins rapproché.

Il est avantageux, pour ne pas dire indispensable, à la société d'avoir du charbon, du fer, divers produits minéraux ; les gouvernements ont donc le devoir d'encourager l'exploitation des mines, en concédant le droit de les exploiter à ceux qui, les premiers, y appliquent leur intelligence et leur travail. Il faut que cette concession soit une propriété exclusive, car on ne peut admettre deux exploitations simultanées sur le même point. Ce serait une source interminable de querelles, de procès et, en définitive, de non-production. Cette propriété est en général perpétuelle, ou tout au moins de très longue durée, pour que des capitaux considérables puissent y trouver une rémunération qu'ils obtiennent rarement au début d'une exploitation.

La propriété foncière a donc son origine dans le travail et dans les capitaux consacrés à la terre ; elle a sa raison d'être dans les produits qu'elle procure à la société. Elle est parfaitement juste.

S'il fallait une preuve que ce n'est pas la terre en elle-même qui a une valeur, il suffirait de remar-

quer qu'il y a par le monde d'immenses étendues (
terres incultes qui attendent des propriétaires,
cependant ceux d'entre nous qui aspirent à posséd(
une vigne ou un champ n'ont aucune envie d'aller da(
ces pays éloignés, où pourtant le sol ne leur coûtera
rien. C'est que là-bas les propriétés sont à créer, et q(
pour cela il faut du travail et des capitaux ; et en outr(
une fois créées, ces propriétés ne trouveraient p(
encore autour d'elles cette quantité de travail accumu(
qui donne aux nôtres la plus grande partie de leur valeu(
je veux parler des routes, chemins de fer, débouchés (
toutes sortes pour les produits, etc. On comprend do(
très bien que ceux qui possèdent des ress urces aime(
mieux les consacrer à l'achat d'une terre déjà défriché(
au milieu d'un pays peuplé, pourvu de moyens de comm(
nication faciles. Ce qu'ils paient, c'est donc moins (
terre elle-même, que la somme d'efforts humains dé(
dépensés sur elle et autour d'elle.

**4. La surface du sol, objet de la propriété, e(
limitée.** — L'accroissement de la population est un sig(
de prospérité pour un pays, et cependant il semblera(
au premier abord, que cet accroissement ne peut q(
difficilement se concilier avec l'appropriation exclusive (
sol. Quand tout ce qui est susceptible d'être défrich(
se trouve possédé à titre privé, la surface du s(
cultivable ne peut plus s'accroître. Dès lors, les nouvea(
venus ne pourront être pourvus d'aucune part de pr(
priété du sol, et comme c'est de la terre que nous tiro(
les produits nécessaires à notre existence, comment pou(
ront-ils vivre? Heureusement ils ont d'autres ressource(

L'expérience montre en effet que le cultivateur obtie(
de la terre qu'il travaille une somme de produits bien p(
que suffisante pour sa propre consommation. Il pe(
donc échanger le superflu contre d'autres produits, fr(
du travail de ceux qui n'ont pas de terres et qui vive(
sans cultiver eux-mêmes le sol.

Du reste, la terre ne fournit que les matières prem(
res, qui doivent, pour la plupart, subir une ou plusieu(

transformations pour être appropriées à nos besoins. Tout le monde, dans un pays, ne peut donc pas s'occuper uniquement de la production des matières premières ; il y a quantité d'autres branches d'activité absolument nécessaires. De là vient, naturellement, dans une société bien organisée, la division du travail en travail agricole, travail industriel, et professions libérales. Ceux qui s'adonnent à ces diverses occupations font échange de leurs services, et l'union de leurs efforts a pour résultat de faire vivre convenablement, sur un espace donné, une population beaucoup plus considérable que celle qui suffirait à l'exploitation du sol.

Les hommes adonnés au travail industriel ou aux professions libérales n'ont pas besoin pour vivre d'être propriétaires d'une parcelle de sol. Ils se nourrissent du blé qu'ils n'ont pas semé, des légumes qu'ils n'ont pas plantés ; les agriculteurs l'ont fait pour eux. En échange les agriculteurs ont demandé des maîtres pour leurs enfants, ils ont acheté des vêtements ; on leur a rendu, propres à être consommés sous une autre forme, les produits mêmes de leurs récoltes. La terre nourrit ainsi tous ceux qui l'habitent, sans que tous soient forcés de mettre la main à la charrue et sans qu'ils aient nécessairement une part dans la propriété foncière.

5. La force productive du sol est le résultat d'un travail antérieur. — Cependant il peut sembler que ceux qui possèdent une partie du sol, telle que des champs ou un jardin, sont plus favorisés que leurs compatriotes ; car, avec un peu de travail, une bonne terre produit bien au delà de ce qui est nécessaire à celui qui la cultive. Souvent même il arrive que le propriétaire la loue à un cultivateur et prélève une partie des fruits, sans se donner la peine de travailler lui-même. Ne peut-on pas se demander pourquoi il jouit de préférence à tout autre de la force productive du sol ?

La réponse est facile : la force productive du sol n'existe pas en réalité sans un travail antérieur. Quand une terre est cultivée depuis longtemps, elle a absorbé le travail et les capitaux de plusieurs générations d'hommes. Elle produit alors beaucoup plus qu'une terre voisine non défrichée, et cette différence n'est pas due à la nature, mais au travail. Abandonnée à elle-même, elle redeviendrait bientôt stérile, comme les plaines de la Sicile et de l'Algérie, qui fournissaient autrefois du blé à l'Italie et qui, aujourd'hui, suffisent à peine à nourrir leurs habitants.

Lorsqu'un champ n'est plus cultivé, les broussailles et les mauvaises herbes l'envahissent, l'écoulement des eaux ne s'y fait plus régulièrement ; il faut ensuite beaucoup de travail pour l'assainir et le remettre de nouveau en valeur. Ce travail, dont le profit n'est pas immédiat, n'est autre chose qu'un capital : il appartient légitimement à celui qui l'a créé. Une première récolte ne le restitue pas complètement au cultivateur.

Le propriétaire du sol est donc en réalité un capitaliste, et, comme tout capitaliste, il a le droit d'exploiter son capital, ou de le louer pour en tirer une rente. Cette rente, c'est tantôt le partage des produits, connu sous le nom de métayage, tantôt une somme d'argent fixe payée annuellement par un fermier qui se réserve la totalité de la récolte. Elle est la récompense d'un travail antérieur, et ainsi le rôle du propriétaire est parfaitement justifié.

Il ne faudrait pas croire cependant qu'une même quantité de travail appliquée au sol ait dû produire toujours et partout des résultats identiques. L'inégalité se trouve au contraire partout dans la nature. Les terres ne sont pas également fertiles ; les climats ne sont pas également favorables ; le voisinage des routes ou des grands centres de population donne aux produits une vente plus avantageuse. De là des différences de valeur pour des propriétés qui ont pu cependant recevoir la même somme de travail.

6. La richesse ne consiste pas uniquement dans la propriété du sol. — Un champ cultivé, couvert de moissons, frappe vivement les yeux ; on se rend compte de suite de l'avantage qu'il y a à le posséder. Les autres catégories de capitaux ne parlent pas aussi nettement à la vue; de là l'erreur assez répandue que, seuls, les détenteurs de la propriété foncière sont véritablement riches.

On peut cependant être très riche sans posséder un pouce de terre ; il suffit d'avoir de la monnaie ou des marchandises avec lesquelles on achète les produits du sol. Au moyen âge les Vénitiens, qui avaient bâti leur ville sur un ilot de sable dans la mer Adriatique, au milieu de lagunes infertiles, étaient le peuple le plus riche de l'Europe. Ils faisaient le commerce avec le monde entier, et se procuraient, grâce à leurs capitaux, les produits de tous les pays connus, cependant ils ne possédaient pas de terres.

L'Angleterre n'est pas un des plus grands états de l'Europe actuelle ; son sol est moins fertile que celui de la France ou de l'Italie par exemple, et pourtant les Anglais sont, de nos jours, le peuple le plus riche du monde. Ils ont créé par le travail et par l'épargne d'énormes capitaux, qu'ils ont employés à développer leur industries, dont les produits leur permettent d'acheter, s'ils le veulent, des propriétés territoriales en dehors de leur ile.

C'est là ce que peuvent faire également partout ceux qui désirent devenir propriétaires d'une terre. Ils peuvent travailler, épargner, créer des capitaux, puis, un jour, les échanger contre une terre ou une maison qui est elle-même un capital sous une autre forme.

7. Erreurs des communistes qui proposent le partage des propriétés. — Si nous regardons autour de nous, nous voyons de grandes inégalités dans la richesse des hommes. Les uns possèdent des propriétés considérables, d'autres n'ont qu'un petit coin de terre ; d'autres enfin, les plus nombreux peut-être, ne possèdent rien ; parmi ceux-ci, beaucoup sont dans le dénûment et subissent même parfois de cruelles privations. Les communistes, qui prétendent remédier à cette situation, ont posé en principe le droit égal pour tous les hommes à une part dans la propriété du sol. Le régime actuel serait, suivant eux, le règne de la spoliation et de l'injustice ; pour le faire cesser, il faudrait reprendre toutes les terres cultivées et en faire un partage égal entre les habitants de chaque pays.

Cette idée repose sur de graves erreurs, de plus, le remède ne produirait nullement les résultats que les communistes s'en promettent.

En effet ils supposent d'abord que la possession de la terre est le seul moyen pour l'homme de pourvoir à sa subsistance, ce qui est faux, comme nous l'avons montré. Ils admettent ensuite que la production des fruits de la terre est due uniquement à la nature, au lieu d'être le résultat du travail et des capitaux consacrés antérieurement au sol par le propriétaire ; autrement leur proposition de dépouiller celui-ci purement et simplement du fruit de son travail, de ce qui lui appartient logiquement, serait absurde et inadmissible pour tout homme sensé. Nous avons vu encore que cette supposition n'est pas exacte : les champs, les prés, les maisons n'ont été créés que par l'application d'efforts intellectuels et corporels, des capitaux appartenant légitimemen au propriétaire ; la propriété foncière est sacrée comme la propriété de tous les fruits du travail.

En dépouillant de la terre les détenteurs actuels pour la partager entre ceux qui n'ont rien fait pour la mettre en valeur ou l'acquérir, on commettrait une spoliation. Ce serait absolument comme si, après avoir fait travailler quelqu'un toute la journée, on lui ravissait le soir son salaire. C'est en somme ce qui se passe dans les pays à esclaves.

8. Le partage des biens ne ferait pas disparaître l'inégalité sur la terre. — Le partage des biens, d'ailleurs, ne réussirait pas à faire disparaître de la terre la misère ni la souffrance. Si jamais on arrivait, en violentant la nature des choses, à donner à tous les habitants d'un pays des parts égales de champs ou de maisons, et suffisantes pour leur fournir un revenu appréciable, cette égalité ne durerait pas longtemps. Les uns, habiles et actifs, feraient produire beaucoup à leur propriété ; les autres, paresseux ou maladroits, ne sauraient point tirer parti de la leur, et dès la première année reparaîtrait l'inégalité des ressources.

Il n'y a d'autre moyen de nous enrichir que le travail et l'épargne. Tout le monde peut, sans nuire à personne, puiser à cette source inépuisable de la fortune publique et privée.

D'ailleurs, l'égalité que rêvent les communistes est-elle possible ? Les hommes, il est vrai, sont tous frères, mais, dans une même famille, les frères sont-ils tous égaux ? Ils ne le sont ni en taille, ni en intelligence, ni en force, ni en santé. Les uns meurent jeunes, les autres vieux. Les uns ont une vie calme et heureuse, les autres passent par les agitations et les épreuves.

L'inégalité est partout dans la nature. Elle existe dans nos besoins comme dans la manière dont nous pouvons les satisfaire. Parmi les hommes, ceux qui naissent dans les climats du nord où la vie est rude, doivent se vêtir, s'abriter, se chauffer, besoins presque inconnus à ceux qui vivent dans les pays méridionaux ; d'autres vivent dans les montagnes où la nature est âpre et la culture plus pénible et moins fructueuse que dans les plaines.

Enfin, les uns naissent de parents laborieux et rangés, qui leur laissent en mourant des propriétés, fruit de leurs épargnes ; les autres, dont les parents ont été intempérants ou paresseux ne reçoivent aucun héritage et sont obligés de subvenir eux-mêmes à tous leurs besoins.

Ces causes subsisteront toujours, quoi qu'on fasse ; toutefois si les hommes ne peuvent pas faire disparaître les inégalités naturelles, ils peuvent jusqu'à un certain point en atténuer les effets par l'association. C'est un des résultats les plus consolants de la vie des hommes en société.

9. Exemple du résultat auquel aboutirait le partage des biens. — Le partage des biens aboutirait à un singulier résultat dont l'anecdote suivante peut donner une idée :

C'était en 1848 : les Allemands de Francfort-sur-le-Mein étaient imbus du communisme, qui devait rendre tout le monde riche et heureux. Une dizaine d'entre eux allèrent trouver un banquier de cette ville, très connu pour son immense fortune, et lui signifièrent qu'il eût à la partager avec eux, car il en avait joui seul assez long-temps.

A leur grande surprise le banquier leur répondit : Eh bien ! soit, partageons ! Vous pouvez voir d'après mes livres que je possède une fortune d'environ trente-cinq millions de francs. Comme il y a en Allemagne trente-cinq millions d'habitants qui y ont absolument autant de droit que vous, il revient un franc à chacun d'eux. Vous êtes dix, voici dix francs. Maintenant que vous avez pris votre part, ne remettez plus les pieds ici, sinon je vous ferai recevoir à coups de bâton comme des voleurs.

Les communistes en question se retirèrent au plus vite, honteux de leur aventure. Ce simple rapprochement de chiffres leur avait fait comprendre à quelles erreurs ils s'étaient laissés entraîner.

Il ne résulterait, en effet, qu'un effroyable bouleversement d'un partage égal des biens, après quoi les choses reprendraient leur cours normal, c'est-à-dire que l'iné-galité, qui est la règle, reprendrait ses droits partout.

10. L'exploitation en commun est condamnée par l'expérience. — Une autre école communiste, comprenant cette impossibilité, a proposé, non plus de partager les biens de la terre, mais de les mettre en commun et de faire cultiver les champs par tous les membres de la communauté. Les fruits seraient ensuite partagés suivant les besoins de chacun.

Ce système est encore absolument inapplicable dans la pratique : il suppose, en effet, de la part des membres de la communauté un dévouement complet et un désinté-ressement absolu, qui les fassent travailler pour les autres avec le même zèle que pour eux-mêmes. Puis, il faut à la tête de la communauté un chef investi d'un pouvoir absolu, imposant à chacun sa tâche, et en possession d'une autorité indiscutée quand il s'agit de faire les parts du produit du travail. Où sera l'homme assez fort, assez juste, assez habile pour ne pas faiblir sous une aussi lourde tâche ?

Cette vie commune est impossible pour les peuples, impossible pour des agglomérations d'hommes tant soit peu nombreuses. Dans des communautés restreintes, sous la condition de vertus exceptionnelles dans le chef et les membres, elle pourra parfois réussir quelque temps, mais, malgré tout, il en résultera promptement et fatalement un ralentissement dans la production. C'est donc un mauvais système d'exploitation du sol.

L'expérience enseigne que la famille, qui forme véritablement une unité, sous l'autorité indiscutable du père de famille, peut seule, grâce à l'esprit de dévouement fondé sur les liens du sang et entretenu par la vie commune, se prêter à un pareil mode de culture et de partage des fruits.

11. L'égalité obligatoire des salaires est une forme du communisme. — Cette manie d'égalité a été poussée plus loin encore : beaucoup d'associations ouvrières ont demandé que, dans l'industrie, les salaires fussent toujours réglés d'après un même tarif, quelles que pussent être l'habileté ou l'activité de l'ouvrier.

C'est encore une forme déguisée du communisme, où l'on retrouve, à un plus haut degré, les inconvénients de l'exploitation du sol en commun. Cela revient, en effet, à mettre en commun le travail d'une usine et la quantité de salaires correspondante, et à obliger chaque ouvrier à prendre à la fin de la semaine une part égale de ce salaire commun.

Un pareil système est injuste, car il restreint les facultés d'initiative, la puissance de production de ceux qui, grâce à leur bonne volonté ou à leur habileté, pourraient et devraient gagner plus que les autres, en faisant plus de travail ou en le faisant mieux. Puis, en voulant imposer cette égalité de salaires, les réformateurs tiennent-ils compte des besoins des familles? Les hommes mariés ont de tout autres charges que les célibataires ; pourquoi les obliger à se contenter du même salaire journalier, et ne point leur permettre de s'ingénier à l'augmenter dans l'intérêt de leurs enfants?

Cette égalité, contraire à la nature des choses, serait une véritable iniquité. Elle aurait forcément pour effet de provoquer le découragement chez les ouvriers et d'amener la décadence dans l'industrie.

12. L'organisation artificielle du travail est contraire à la nature des choses. — Toutes les tentatives d'organisation artificielle du travail, plus ou moins analogues à celles dont nous venons de parler, conduisent au même résultat. Elles ne peuvent s'imposer que par la force, se maintenir que par la violence. Elles vont contre tous les instincts de l'homme et ne peuvent produire rien d'utile ni de durable.

L'intérêt bien entendu des sociétés, en matière d'industrie, est de développer le plus possible la production, pour assurer un bien-être croissant à la population. Pour cela il faut pousser tout le monde, au moyen du levier si puissant de l'intérêt personnel, à faire la plus grande somme d'ouvrage possible, dans les meilleures conditions. Il suffira de montrer la récompense attachée au travail actif et persévérant, à la bonne conduite, à l'amour de l'épargne. Il n'est point nécessaire d'édicter des lois, de faire des règlements, d'imaginer des systèmes ; il n'y a qu'à laisser agir librement les lois naturelles qui régissent les sociétés telles que Dieu les a créées. Sous l'influence de la liberté, chaun travaillera de la façon qui lui sera la plus avantageuse, et tirera de son travail, de son intelligence, de ses efforts le meilleur parti possible. La prospérité des familles où règnent l'activité et le bon ordre sera le meilleur enseignement, le moyen le plus efficace de ramener dans la bonne voie celles qui s'en écartent.

13. Conséquences du droit de propriété. Les donations, les testaments. — La manifestation la plus élevée du droit de propriété sur une chose est la faculté de la donner à une autre personne, pour qu'elle en jouisse à son tour. Ce droit est incontestable : il s'exerce pendant la vie sous forme de *donation*, et à la mort sous forme de legs fait par *testament*.

Ce droit s'applique à tout ce qui fait l'objet de la propriété, qu'il s'agisse d'objets mobiliers, de valeurs mobilières, ou de biens fonciers tels que terres ou maisons. La loi a réglé les formes qui consacrent la transmission des biens par donation ou testament, mais elle n'a pas créé pour le propriétaire le droit de disposer de ses biens. Le droit est naturel et antérieur à la loi, comme le droit de propriété dont il procède.

Cependant, il a aussi été contesté à certaines époques. Certains réformateurs ont nié la légitimité du droit d'hérédité, c'est-à-dire du droit q . · le père de laisser à ses enfants ce qu'il possède au moment de sa mort. Ils ont proposé de décréter qu'au décès de leur propriétaire, les biens feraient retour à l'Etat.

Mais cette combinaison, absolument en opposition avec les tendances naturelles de l'homme, avec les sentiments innés chez lui, ne pourrait par suite donner de résultats économiques satisfaisants.

Qu'arrivera-t-il, en effet, si le père, à son décès, ne peut disposer des propriétés acquises pendant sa vie ? De deux choses l'une, ou il s'arrangera pour faire passer de son vivant ses biens à ses enfants, ce qui entraîne d'ordinaire de graves inconvénients, ou bien il renoncera à épargner et à créer des capitaux dont sa famille ne profitera pas. Il consommera à mesure ce qu'il pourra produire, et la société appauvrie, car l'épargne seule peut la faire prospérer, marchera rapidement à la ruine.

Gardons-nous de donner à l'Etat ce qui appartient à la famille. L'amour paternel est un des sentiments qui agit avec le plus d'énergie sur le cœur de l'homme, c'est le seul qui, toujours et partout, combatte efficacement l'égoïsme. Le père travaille d'abord pour élever ses

enfants ; quand ceux-ci sont en âge de se suffire à eux-
mêmes, il continue à travailler et à épargner pour leur
assurer plus tard un bien-être plus considérable. Et cette
activité soutenue, cette somme de travail produite et
économisée, profitent non seulement aux enfants à qui
elle est léguée, mais à la société tout entière.

**14. Les propriétés foncières ne sont pas les
seuls biens qu'un père puisse transmettre à ses
enfants.** — Les attaques contre la propriété ont cela de
singulier, qu'elles sont dirigées uniquement contre la
possession du sol. Comment expliquer cette bizarrerie ?
S'agit-il donc d'une chose qui ait une origine autre que
celle d'une somme d'argent ou de toute autre espèce de
marchandise ? En aucune façon : nous avons vu que toutes
ces propriétés ont une seule et même origine, le travail.
Les biens fonciers ne procurent pas des moyens de bien-
être particuliers, puisqu'on peut les échanger contre
toute autre espèce de capitaux, et réciproquement.

Cependant on ne prétend pas empêcher le père de famille de transmettre à ses enfants ses meubles, ses outils,
ses vêtements, ses provisions de toute espèce. Si l'on s'en
prend à la propriété du sol, c'est qu'elle est plus visible
que les autres ; elle frappe les yeux à chaque instant ;
pour les ignorants elle est la propriété par excellence.

Il n'y a pas d'ailleurs que l'argent ou la terre qui
soient des moyens de production de richesse et des
sources de bien-être. L'intelligence et l'instruction ont
une grande influence sur le bonheur de l'homme. Pourquoi les communistes n'en demandent-ils pas aussi le
partage égal ? Pourquoi n'empêcheraient-ils pas un père
de transmettre à ses enfants sa science, ses vertus, c'est-
à-dire un héritage plus précieux que des maisons ou
que des champs cultivés ?

Ils sentent évidemment leur impuissance vis-à-vis de
ceux qui savent se contenter de jouissances intellectuelles
et morales et ils se préoccupent uniquement de ce qui
a trait aux satisfactions matérielles. Le reste leur échappe
forcément.

QUESTIONNAIRE DE LA 9ᵉ LEÇON

*1. — D'où viennent les matières premières de l'indus-
trie ? La terre produit-elle sans travail ce dont nous
avons besoin ? — 2. Qu'est-ce qui détermine le cultivateur à travailler la terre ? Quelle est la conséquence de la culture du sol ? La propriété foncière
est-elle utile à la société ? — 3. La propriété foncière est-elle juste ? D'où vient la valeur des matières
premières extraites du sol ? Y a-t-il des terres sans
propriétaires ? — 4. La surface du sol peut-elle augmenter en même temps que la population ? Tous les
hommes peuvent-ils être propriétaires du sol ? A quoi
doivent s'occuper ceux qui ne sont pas propriétaires ? —
5. La terre a-t-elle une force productive indépendante du
travail de l'homme ? Que devient la terre par suite du
travail de l'homme ? Que devient-elle lorsque la nature
est abandonnée à elle-même ? — 6. Peut-on être riche
sans posséder des champs ? Comment les Anglais sont-
ils devenus le peuple le plus riche de l'Europe ? —
7. Comment nomme-t-on les hommes qui voudraient
partager les propriétés ? Quelles sont les deux principales causes d'erreurs des communistes ? — 8. Le partage
des biens ferait-il disparaître la souffrance ? Amènerait-
il l'égalité dans un pays ? Quelles sont les causes des
inégalités naturelles entre les hommes ? — 9. A quoi
aboutirait le partage des biens entre tous les habitants
d'un pays ? — 10. Est-il bon de mettre les biens en
commun au lieu de les partager ? Dans quelles conditions la culture du sol en commun peut-elle réussir ? —
11. Les salaires des divers ouvriers doivent-ils être
égaux ? Est-ce une chose juste ? L'égalité des salaires
est-elle favorable aux bons ouvriers ? — 12. Quel est
le moyen de procurer la plus grande quantité de subsistances ? Une organisation artificielle du travail peut-elle*

s'établir naturellement ? — 13. Le propriétaire peut-il disposer de sa propriété ? Peut-il en disposer après sa mort ? L'Etat peut-il supprimer le droit d'héritage ? — 14. D'où proviennent les attaques dirigées contre la propriété du sol ? Y a-t-il autre chose que les biens matériels pour assurer le bonheur des hommes sur la terre ?

———

SUJETS DE DEVOIRS

1. Définissez la propriété foncière, dites quelle est son origine, et les services qu'elle rend.

2. Exposez les conditions du développement de la population sur la terre.

3. Discutez les conséquences du partage des biens entre tous les habitants d'un pays.

4. Enumérez quelques-unes des idées des communistes et réfutez-les.

5. Montrez les conséquences de la loi d'hérédité au point de vue physique, au point de vue moral et au point de vue économique.

DIXIÈME LEÇON

LES MACHINES, LES CHEMINS DE FER
LE LIBRE ÉCHANGE

1. Les machines utilisent les forces naturelles et aident l'homme dans son travail. — 2. Avantages des machines. — 3. Diverses forces naturelles que l'homme appelle à son aide. — 4. Les objections faites à l'emploi des machines ne sont pas fondées. — 5. Le développement du travail est la conséquence de l'emploi des machines. — 6. Les chevaux sont employés en plus grand nombre depuis l'exécution des chemins de fer. — 7. Souffrances momentanées causées par l'introduction de machines nouvelles. — 8. Services rendus par les chemins de fer. — 9. Effets que produirait la suppression des machines. — 10. L'abaissement des tarifs de douanes équivaut à l'invention d'une machine nouvelle. — 11. Avantages résultant du libre échange, ses inconvénients pour certaines industries. — 12. Les droits de douane modérés sont aussi légitimes que toute autre espèce d'impôt.

1. Les machines utilisent les forces naturelles et aident l'homme dans son travail. — Les matières premières, produits du sol cultivé, ou extraites du sein de la terre, doivent, pour être utilisées et pour satisfaire à nos besoins, subir diverses transformations, exigeant encore du travail et des efforts. L'effort musculaire humain seul serait insuffisant pour la tâche énorme qu'il aurait à remplir; et, ainsi livré à ses seules forces, l'homme ne pourrait ni avancer en civilisation, ni progresser en bien-être. Heureusement il existe des forces naturelles telles que l'eau, le vent, la chaleur, les animaux, etc, qui, moyennant certains procédés, sont capables de remplacer l'effort des bras dans la mise en œuvre des matières premières.

Les machines sont des outils combinés par l'intelligence de l'homme, de manière à appliquer les forces naturelles à l'exécution d'un travail déterminé. Elles ont pour résultat de rendre le travail plus facile et plus productif et d'augmenter le bien-être général en multipliant la somme des produits obtenus. Leur rôle est donc essentiellement favorable à l'humanité.

Les machines peuvent être plus ou moins compliquées : le bât qui sert à charger une bête de somme, la charrue qui est destinée à labourer les champs, sont des machines simples. Un moulin, au contraire, est une machine déjà fort compliquée. Il a fallu beaucoup de réflexions et de calculs pour combiner les mouvements des grandes roues extérieures sur lesquelles agissent l'eau ou le vent, et ceux des meules intérieures qui produisent l'effet utile.

L'effort intellectuel augmente en raison de la complication des machines, mais aussi, en général, plus la machine est perfectionnée, plus ses avantages sont considérables. Rien ne peut donner une plus haute idée de la puissance de l'homme, que de voir quel parti il peut tirer des forces de la nature, et comment il arrive à leur faire exécuter des travaux que, réduit à ses seules ressources, il n'aurait jamais pu réaliser.

2. Avantages des machines. — Il suffit, pour se rendre compte immédiatement des avantages des machines, de se reporter à ce qui se passait dans l'antiquité ou à ce qui est encore en usage chez les peuples nomades de la Russie et de l'Algérie pour obtenir de la farine : le blé est moulu entre deux pierres par des esclaves ou par des femmes. C'est un travail pénible, très assujétissant et purement machinal. Il faut travailler toute une journée pour assurer la nourriture d'une famille et encore cette farine est grossière. Dans l'Europe civilisée, au contraire, cette opération est exécutée avec une grande perfection par des moulins à eau ou à vapeur. Un ou deux meuniers surveillent et alimentent la machine, qui produit et au-delà la farine nécessaire à tous les habitants d'une ville.

Un des résultats de l'emploi des machines est de faciliter le développement intellectuel de l'homme, en le déchargeant d'une notable partie de l'effort matériel auquel il est obligé pour élaborer les produits naturels, et en lui donnant par suite le temps de cultiver son intelligence. L'invention, la construction, la direction des machines sont elles-mêmes de puissants stimulants pour l'activité intellectuelle. Dans ce sens-là encore, les machines contribuent dans une certaine mesure à élever l'esprit de l'homme.

3. Diverses forces naturelles que l'homme appelle à son aide. — Les forces naturelles dont l'homme tire parti au moyen des machines sont, dans l'ordre historique de leur emploi : les animaux, le vent, l'eau, puis la chaleur.

Les animaux sont des forces vivantes que l'homme a su s'approprier en les habituant et en les élevant tout jeunes à certains travaux. C'est une œuvre de patience et de sagacité, qu'il faut recommencer à chaque génération d'animaux. On appelle animaux domestiques ceux dont l'homme s'est assuré les services, à la condition de les abriter et de pourvoir à leur nourriture. On peut faire entre eux et les machines à vapeur une certaine assimilation. La nourriture équivaut au combustible consommé par la chaudière, elle restitue à l'animal les forces qu'il dépense dans le travail qu'on lui demande.

Parmi les forces purement mécaniques que nous pouvons utiliser, le vent, les rivières, les chutes d'eau, sont très économiques ; la nature en fait les principaux frais, mais elles ne sont pas régulières. Si pendant quelque temps il ne pleut pas, les cours d'eau baissent, les canaux ne s'alimentent pas suffisamment ; l'effet utile décroît beaucoup, si même il ne disparaît pas entièrement.

Par contre, si les pluies sont trop abondantes, le cours d'eau gonflé et débordé, non seulement ne rend plus de services, mais peut causer de graves dommages.

Tous les jours nous sommes à même de constater l'irrégularité dans la direction et dans la force du vent. La girouette est dans notre langue l'emblème de ces variations fréquentes et imprévues. On ne peut donc compter beaucoup sur le vent, aussi ne l'emploie-t-on plus maintenant que d'une manière exceptionnelle. Il y a aujourd'hui bien peu de moulins à vent, et le nombre des vaisseaux à voiles diminue chaque jour. Malgré tout c'est encore sur mer que le vent est le plus employé comme moteur. Les matelots, en déployant leurs voiles, s'épargnent la peine de ramer. Ils trouvent dans le vent un auxiliaire puissant, mais qui malheureusement devient parfois insuffisant ou dangereux.

Les rivières sont des chemins qui marchent; elles transportent économiquement les marchandises, mais, pour pouvoir être utilisées, elles ont souvent besoin d'être améliorées par de grands travaux.

Pour tirer parti d'une chute d'eau, il faut aussi dépenser une notable quantité de travail : établir un barrage pour maintenir le niveau à une certaine hauteur, creuser un canal pour amener l'eau sur la roue qui transmettra à l'usine le mouvement engendré par la chute.

Les machines à vapeur ont été inventées pour remédier à l'irrégularité ou à l'absence des autres forces. La chaleur développée dans le foyer par la combustion du bois ou du charbon sert à transformer l'eau en vapeur à une tension plus ou moins élevée et fournit ainsi le moteur dont l'action s'exerce sur un outil ou machine quelconque : pompe, moulin, locomotive, vaisseau.

4. Les objections faites à l'emploi des machines ne sont pas fondées. — L'emploi de toutes ces forces naturelles, que Dieu a mises sous notre main pour ainsi dire, est bien légitime. Quoi de plus naturel que de leur demander de nous aider à satisfaire nos besoins ! Il semble que nous n'ayons qu'à nous féliciter de pouvoir en tirer parti, et que tous nos efforts doivent tendre à rendre ce parti plus complet et plus efficace.

Cependant on entend parfois, on entendait souvent jadis, protester contre les machines. On dit qu'elles sont nuisibles parce que, produisant à elles seules autant qu'un grand nombre d'ouvriers, elles enlèvent à la classe ouvrière le travail et les moyens d'existence. Ces critiques, du reste, visent uniquement les machines à vapeur, qui sont d'une invention et surtout d'une application générale relativement récentes. Personne n'a songé à demander la condamnation de la charrue, ou le remplacement des chevaux ou des mulets par des équipes de travailleurs attelés aux voitures ou transformés en bêtes de somme. Il y aurait pourtant là de belles sources de travail, mais on est tellement habitué aux services que rendent ces moteurs et ces machines qu'on ne les met pas en question. Cependant les machines à vapeur ne sont que des machines comme les autres, seulement plus puissantes. Pourquoi feraient-elles du mal à l'humanité si les autres n'en font pas ? Dans une pareille question de principe, il ne saurait être question de degré.

5. Le développement du travail est la conséquence de l'emploi des machines. — C'est donc une grave erreur. On peut d'ailleurs encore la faire ressortir en montrant que jamais les ouvriers n'ont eu autant de travail à leur disposition que depuis l'invention des machines à vapeur.

Tout d'abord, pour construire ces machines, il faut beaucoup d'ouvriers : fondeurs, ajusteurs, mécaniciens, qui auparavant n'existaient pas. Puis il faut leur fournir du combustible ; depuis l'emploi de la vapeur l'extraction de la houille a augmenté dans d'énormes proportions, ainsi que le nombre des ouvriers employés dans les mines. Enfin il faut fournir du travail aux machines, et comme elles en font en quantité considérable, elles consomment beaucoup de matières premières dont la production, la manipulation, la préparation exigent une somme de travail bien plus forte que jadis. La question, on le voit, change déjà d'aspect.

Mais le fait le plus important est le suivant : les machines, en augmentant la production dans notre pays, ont activé la formation du capital et, comme nous le savons, à une augmentation de capital correspond forcément une augmentation de salaires. En effet, la valeur des objets se résume à peu de chose près dans la somme des salaires qu'ils ont coûtés pour leur fabrication. Le nombre des ouvriers rétribués augmente donc en même temps que la quantité des produits fabriqués, par suite il y a actuellement plus de salaires distribués, plus d'ouvriers employés, qu'il n'y en aurait si les machines n'existaient pas. Loin de nuire à la situation de la classe ouvrière au point de vue de la quantité de travail à exécuter, elles lui ont au contraire été utiles.

On peut citer, à l'appui de ce qui précède, un exemple bien capable de faire saisir ce qui se passe dans le monde du travail par suite de l'extension des machines à vapeur.

6. Les chevaux sont employés en plus grand nombre depuis la construction des chemins de fer. — Avant l'invention des chemins de fer les grandes routes étaient parcourues par de nombreuses diligences, voitures de poste, voitures de roulage, toutes traînées par des chevaux.

Les chemins de fer ont remplacé les diligences et le roulage, et du moment que les voitures sont traînées sur les rails par des locomotives, il semble, au premier abord, qu'un nombre énorme de chevaux a dû se trouver sans ouvrage; et comme un cheval coûte cher à entretenir, les entrepreneurs et les voituriers ont dû chercher à s'en débarrasser à tout prix. La valeur des chevaux a sans doute baissé depuis que les machines font leur ouvrage; les éleveurs ont cessé d'en produire autant et le nombre des chevaux en France a dû diminuer dans une notable proportion.

Eh bien, ce raisonnement a reçu de l'expérience le

plus complet démenti ! C'est le contraire qui s'est produit. Jamais les chevaux n'ont été aussi chers ; ils sont
plus nombreux, travaillent plus qu'autrefois, et cependant il n'y en a pas assez.

Pourquoi ? C'est, tout d'abord, parce que pour construire les chemins de fer et leurs dépendances et pour
les entretenir il faut des chevaux ; puis on apporte aux
gares les objets à transporter ; enfin la production de
toutes choses s'est accrue avec la facilité des transports,
avec l'augmentation de la richesse publique résultant
précisément de cette création des voies ferrées. Pour
suffire à cet accroissement de production et de mouvement, il a fallu plus de chevaux qu'auparavant.

Le fait est facile à vérifier. Les chemins de fer n'ont
pas tué les chevaux. Ceux-ci ont changé d'occupation
voilà tout ! Et c'est là aussi ce qui arrive aux ouvriers
lors de l'apparition d'une nouvelle machine.

**7. Souffrances momentanées causées par l'in-
troduction de machines nouvelles dans l'industrie.** — L'introduction d'une machine nouvelle dans une
industrie produit certainement un avantage général pour
l'ensemble du pays, et en particulier pour le bien-être
des ouvriers. Il faut toutefois reconnaître qu'il en résulte
une souffrance momentanée pour ceux des ouvriers qui
gagnaient leur vie en faisant le travail que fera désormais la machine.

Ceux-là, comme les chevaux dont nous parlions précédemment, seront obligés de changer d'occupation. Seulement ici le changement ne se fait pas sans difficultés,
sans perte de temps. Les conditions d'existence des
familles sont troublées, soit par la privation momentanée
de tout ou partie du salaire, soit par l'obligation pénible
de quitter le pays où on avait vécu jusque-là.

C'est là ce qui explique les récriminations passionnées
faites quelquefois contre l'extension des machines, et
l'opposition parfois violente que rencontre leur établissement ; opposition peu raisonnée, car elles sont indispensables au bien-être de l'humanité. Chaque machine

nouvelle constitue un progrès réel, et, quoi qu'on fasse, on ne l'empêchera pas de se répandre ; si ce n'est pas dans une localité, ce sera dans une autre, et le travail n'en sera pas moins perdu pour les ouvriers qui, par leur opposition, en auraient retardé l'emploi.

Le devoir des chefs d'industrie est de chercher à atténuer la crise qui résulte forcément de l'introduction des machines ou procédés nouveaux. Le devoir, comme l'intérêt bien entendu des ouvriers, est de se mettre à l'abri des suites fâcheuses de cette éventualité en amassant quelques épargnes et en donnant à leurs enfants une instruction solide. Alors, si le métier qu'ils ont embrassé ne promet plus de ressources suffisantes pour vivre, leurs enfants auront plus de facilités pour en prendre un autre plus lucratif.

8. Services rendus par les chemins de fer. — A propos des chemins de fer, nous avons cité ce fait curieux que le nombre des chevaux employés maintenant était plus grand qu'avant l'invention des engins de locomotion à vapeur, et nous avons montré la rapide augmentation de production qui résulte de l'emploi des machines perfectionnées. Voyons en particulier l'économie que les chemins de fer font réaliser au public pour la satisfaction des besoins de transport.

Pour porter une malle par exemple, et en faisant tout au plus 1 kilomètre, un portefaix demande 1 franc. Transportée en chemin de fer, cette malle parcourra 200 kilomètres pour le même prix.

Il y a 30 ans les vins du Midi, les blés débarqués dans le port de Marseille, ne pouvaient être amenés à Paris qu'à des prix excessifs. Les moyens de transport, les routes mêmes faisaient défaut, comme on en a fait la cruelle expérience à l'époque des dernières disettes, en 1847. Aujourd'hui toutes ces denrées arrivent à Paris par le chemin de fer, les frais de transport sont relativement très faibles eu égard à la valeur des marchandises et on peut en faire venir des quantités illimitées. Les disettes et les famines ne sont plus à craindre.

Outre une grande réduction sur la dépense du transport, les chemins de fer assurent aux voyageurs une économie de temps considérable. Pour aller de Marseille à Paris à pied, par étapes, il faudrait au moins 25 jours. Ce seraient donc 25 jours de travail perdus, sans compter la paire de souliers usée pendant le trajet et les frais de nourriture et de logement dans les auberges. En chemin de fer, il faut moins de 24 heures, le trajet coûte 60 francs tout au plus, prix inférieur au salaire des journées qui seraient employées à travailler au lieu de marcher.

9. Effets que produirait la suppression des machines. — Il n'y a pas plus de 40 ans que l'on construit des chemins de fer, il n'y a pas plus de cent ans que l'Anglais Whatt a fait fonctionner la première machine à vapeur, et déjà ces moyens d'action sont tellement entrés dans les conditions d'existence des sociétés modernes que l'on ne saurait plus comment vivre, si on venait à les supprimer. Nos grandes villes seraient dans l'impossibilité de se procurer les subsistances nécessaires, tout manquerait à la fois ; et la population surabondante qui y vit grâce aux machines et aux chemins de fer, mourrait de faim, s'ils venaient à disparaître.

Ce sont les aveugles seuls ou les insensés qui peuvent faire le procès aux machines, et déplorer leur usage universel. Ce sont elles qui nous sauvent de la misère, ce sont elles qui nous permettent d'entrevoir la réalisation du but assigné à l'activité humaine ici-bas : « Croissez, multipliez, et emparez-vous de la terre », c'est-à-dire du sol et des forces de la nature.

Les sauvages n'ont pas de machines, pas plus qu'ils n'ont de capitaux. Ils vivent au jour le jour, ou plutôt ils meurent de faim dans les forêts du Nouveau-Monde. Puis viennent un jour des colons américains, armés de toutes pièces, munis de tout ce que la civilisation met à leur disposition comme machines, et en vingt années, là où végétaient à grand'peine quelques misérables tribus indiennes, là où depuis des siècles quelques cases

disséminées n'abritaient que de misérables représentants,
bien dégradés, de l'espèce humaine, ils élèvent une ville
de plusieurs centaines de mille habitants, comme Chicago
par exemple, qui non seulement vit et prospère, mais
encore envoie son superflu dans le monde entier.

**10. L'abaissement des tarifs de douanes équi-
vaut à l'invention d'une machine nouvelle.** —
L'invention des chemins de fer a permis de supprimer
ou d'atténuer dans une forte proportion l'obstacle que
l'éloignement mettait à la satisfaction de nos besoins.
Mais tous les obstacles qui empêchent les consommateurs de se procurer dans les meilleures conditions
possibles les produits qu'ils désirent acheter ne proviennent pas de la nature des choses. Il en existe d'artificiels résultant de la volonté des hommes. Supprimer
ces obstacles en modifiant les lois ou règlements en
vertu desquels ils existent, c'est faire quelque chose
d'analogue à la découverte d'une machine, à l'invention
d'un procédé industriel nouveau.

Des droits de douane trop élevés sont dans ce cas,
lorsqu'ils empêchent des produits étrangers d'être im-
portés et vendus dans un autre pays, où les produits
semblables reviennent plus cher par la nature des choses.
L'abaissement de ces droits faciliterait l'échange et per-
mettrait aux acheteurs de se procurer plus de satisfactions
pour le même prix. Il serait donc désirable de poursuivre
la suppression de toutes les barrières qui s'opposent à
l'entrée des marchandises étrangères, par la même raison
qu'on applaudit aux inventions destinées à diminuer le
prix de revient des produits de l'industrie. Mais, dans la
pratique, la question est bien plus délicate que celle de
l'adoption d'une machine nouvelle; car, indépendamment
du trouble momentané qu'une pareille réforme apporte-
rait dans les relations commerciales, elle se complique
de difficultés d'ordre politique.

En effet les propriétaires ou les fabricants privés de
leurs débouchés par la concurrence, les ouvriers privés
de leur travail ne peuvent pas compter trouver immé-

diatement à l'étranger les ressources qui leur font défaut désormais dans leur pays : la différence de langage et les préjugés nationaux s'opposent à ce qu'ils soient traités sur le pied d'égalité chez leurs voisins. De plus, une nation ne doit pas souhaiter de voir s'expatrier des familles laborieuses qui sont sa force et sa raison d'être.

11. Le libre échange. Les restrictions à y apporter dans la pratique. — On appelle *libre échange* la faculté accordée à toutes les nations d'échanger entre elles, librement, sans entraves, les produits de leur sol ou de leurs industries, tout comme les habitants d'un même pays échangent entre eux les produits de leur travail. Cette faculté paraît bien conforme aux vues de la Providence, qui a distribué inégalement sur la terre les fruits du sol et les richesses minérales.

Nous nous servons, dans le cours de notre vie, des produits de toutes les parties du monde : nos vêtements sont faits de laine d'Australie ou de coton d'Amérique; le thé vient de la Chine, le café de l'Arabie, la morue de l'Islande, etc. Nous utilisons les services d'hommes vivant aux extrémités du monde. Le libre échange est l'application la plus large de la division du travail; grâce à lui nous pouvons tirer de chaque pays ce qu'il produit le plus facilement, et ce qu'il livre naturellement au meilleur marché, de même que dans l'industrie on demande à chaque ouvrier ce qu'il sait le mieux faire. Le libre échange devrait donc être admis partout, comme résultat de la nature des choses et dans l'intérêt de tous les consommateurs.

Mais, comme nous venons de le voir il est nécessaire de ne pas mettre brusquement en pratique les principes du libre échange dans un pays où il n'existe pas; en, outre, de graves motifs politiques s'opposeront longtemps encore à ce qu'on applique ces principes d'une manière absolue.

Malheureusement, en effet, les peuples ne sont pas toujours en paix; et l'éventualité d'une guerre, à laquelle ils doivent être préparés, ne leur permet pas de compter exclusivement sur les produits de leurs voisins pour suffire à leur consommation et les oblige à maintenir en tout temps certaines industries spéciales dans leur pays.

C'est ainsi qu'en France on est obligé de recourir à des droits de douane pour conserver la fabrication du fer et de l'acier sur une grande échelle. Le principe de la solidarité nationale impose donc certaines restrictions à la pratique rigoureuse du libre échange.

12. Les droits de Douane modérés sont aussi légitimes que toute autre espèce d'impôt.—D'autre part, les gouvernements, qui ont besoin d'argent, ont toujours trouvé très commode d'établir des droits sur les marchandises importées de l'étranger. Ces droits sont en général faciles à percevoir. Quand ils ne sont pas exagérés ils ne présentent pas plus d'inconvénients que les autres impôts.

Au commencement de ce siècle, le gouvernement ne se contentait même pas d'établir un impôt sur certaines marchandises étrangères, il en interdisait complètement l'introduction. Ce système, appelé *système prohibitif*, avait pour but, d'augmenter l'industrie nationale en forçant la France à créer des fabriques qui n'existaient pas auparavant. En réalité, il allait souvent contre son but, et on a vu, successivement, l'abolition des prohibitions, l'abaissement des tarifs de douanes exagérés, correspondre au contraire à un rapide développement du travail et de la richesse nationale.

Dans l'état actuel des choses, les étrangers peuvent échanger leurs produits contre les nôtres en payant à la frontière, à titre d'impôt, des droits fixés par un tarif modéré, absolument comme les habitants des campagnes qui viennent vendre leurs denrées dans les grandes villes sont obligés d'acquitter les droits d'octroi.

Tout le monde s'en trouve bien, car si les étrangers nous vendent quelque chose, il faut qu'ils achètent nos produits en échange. La quantité de monnaie métallique que possède un pays est très limitée et elle serait bientôt épuisée si on ne payait qu'en argent ce qu'on achète. C'est un fait bien constaté, dans la pratique commerciale, que les produits s'échangent contre des produits, et de cette façon, le travail reste assuré dans de larges proportions aux ouvriers de chaque pays, sauf dans les moments de crises commerciales.

13. Inconvénients de certaines industries factices. — En France on aime les oranges, cependant ce fruit n'y pousse pas facilement. Les Espagnols, au contraire, en récoltent des quantités considérables et nous en fournissent tant que nous en désirons à cinq centimes la pièce.

Supposons que le gouvernement mette sur les oranges un droit d'entrée très élevé, 1 fr. la pièce, par exemple : on ne pourra plus avoir en France d'oranges espagnoles à moins de 1 fr. 10. Des jardiniers français intelligents bâtiront des serres, cultiveront les orangers et récolteront des oranges qu'ils pourront vendre, avec bénéfice, 60 ou 80 centimes. Elles seront moins bonnes que celles d'Espagne, mais elles seront moins chères, et il se formera ainsi une sorte d'industrie spéciale, *l'industrie des oranges*, qui fera vivre de nombreux jardiniers et absorbera des capitaux considérables.

Admettez maintenant que le gouvernement reconnaisse un jour qu'il a eu tort d'empêcher longtemps les Français de manger de bonnes oranges à bon marché, et qu'il supprime le droit d'entrée qui frappait celles d'Espagne. Le résultat immédiat saute aux yeux : personne n'achètera plus d'oranges de serre; les jardiniers auront beau baisser leur prix, ils n'arriveront jamais au bon marché nécessaire; il leur faudra de toute nécessité renoncer à la culture de l'oranger et tâcher d'utiliser autrement leurs serres et leur personnel spécial. Voilà une industrie perdue et un grand trouble dans les pays qu'elle faisait vivre.

Pourtant les jardiniers seraient-ils fondés à se plaindre, et faudrait-il, dans leur intérêt, sans motifs d'un ordre supérieur, renoncer à abolir une taxe absurde dont souffrent tous les habitants? Evidemment non.

Eh bien, c'est l'histoire de ce qui se passe à propos

de toutes les découvertes, à propos de l'introduction de toutes les machines nouvelles; c'est également ce qui s'est passé en France lorsque les traités de commerce ont ramené l'industrie dans une voie plus conforme aux principes du libre échange.

QUESTIONNAIRE DE LA 10ᵉ LEÇON

1. Comment l'homme peut-il transformer les matières premières ? Quelles sont les forces naturelles à la disposition de l'homme? — 2. Quelle est la différence entre le travail des bras et celui des machines ? Quel est le résultat de l'emploi des machines sur le développement intellectuel ? — 3. Les forces naturelles sont-elles à notre disposition sans effort de notre part ? Quelles sont les conditions nécessaires pour que les animaux nous rendent des services ? Que faut-il faire pour utiliser le vent, les rivières, les chutes d'eau ? Les machines à vapeur sont-elles un perfectionnement ? De quoi se composent-elles ? Quelle est la force utilisée par les machines à vapeur ? D'où provient le charbon de terre ? — 4. L'emploi des machines en général peut-il être nuisible ? D'où viennent les reproches qu'on leur adresse ? Ces reproches sont-ils fondés ? — 5. Les machines enlèvent-elles le travail aux ouvriers ? N'ont-elles pas pour résultat d'augmenter la production et la quantité des salaires ? — 6. Quel a été le résultat de l'établissement des chemins de fer ? Le nombre des chevaux a-t-il diminué depuis lors ? Les chevaux se vendent-ils moins cher aujourd'hui ? — 7. Quelle est la conséquence de l'introduction dans l'industrie d'une machine nouvelle ? Quelles sont les souffrances partielles qui peuvent en résulter ? Peut-on s'opposer à l'invention et à l'introduction de cette machine ? Peut-on remédier à ces souffrances ou les diminuer ? — 8. Les chemins de fer ont-ils produit une économie dans les transports ? Quelle est leur influence sur la valeur des marchandises ? Quels sont les avantages des chemins de fer pour les voyageurs ? — 9. Depuis combien de temps les chemins de fer et les machines à vapeur sont-ils inventés ? Qu'arriverait-il s'ils disparaissaient aujourd'hui ? Pourquoi les habitants des Etats-Unis réussissent-ils à peupler si rapidement le Nord de l'Amérique ? — 10. Existe-t-il des obstacles artificiels à la satisfaction de nos besoins ? Serait-il bon de les supprimer ? — 11. Qu'est-ce que le libre échange ? Quelles sont les restrictions à y apporter dans la pratique ? Sur quoi sont-elles fondées ? — 12. Quel est le but des droits de douane ? Quel était le but du système prohibitif ? Ce système des prohibitions est-il avantageux pour un pays ? Une nation peut-elle vendre des marchandises sans en acheter d'autres en échange ? La monnaie n'intervient-elle pas comme appoint dans ces échanges pour solder la différence ? — 13. Quelles seraient en France les conséquences de l'établissement de droits de douane considérables sur les oranges ? Quel serait ensuite l'effet de la suppression de ces droits ?

SUJETS DE DEVOIRS

1. Considérez l'homme réduit à la force de ses bras pour travailler et dites ce qu'il pourra faire.

2. Décrivez les forces naturelles que l'homme trouve à sa disposition et les moyens qu'il emploie pour les utiliser.

3. Développez, à l'aide d'exemples, les services rendus par les machines nouvelles, leurs inconvénients momentanés et leurs avantages définitifs.

4. Donnez la théorie du libre échange et montrez pourquoi il convient d'y apporter des restrictions dans la pratique, et dans quelle mesure.

ONZIÈME LEÇON

LE GOUVERNEMENT ET LA FAMILLE

1. Les hommes vivant en société ont besoin d'un gouvernement. — 2. La loi naturelle et les lois écrites.— 3. Attributions du gouvernement. Les pouvoirs exécutif, législatif et judiciaire. — 4. L'impôt est destiné à pourvoir aux dépenses communes. — 5. Le paiement de l'impôt est un devoir rigoureux. — 6. Établissement des impôts. Les impôts directs. — 7. Les impôts indirects. — 8. L'octroi. Économie due à la vie en société. — 9. Devoirs des citoyens envers le gouvernement. — 10. La justice, la police, l'armée sont les attributions essentielles de tout gouvernement. — 11. L'Etat et la Famille. — 12. Rôle de la Famille au point de vue social.

1. Les hommes vivant en société ont besoin d'un gouvernement. — Les hommes ont bes..in les uns des autres, l'ensemble de nos études le démontre surabondamment ; ils doivent donc vivre en société sous forme de groupes plus ou moins nombreux ; ils ne sauraient atteindre autrement ni la satisfaction de leurs besoins matériels, ni leur développement moral complet.

Mais cette existence en commun est soumise à des lois, à des obligations distinctes de celles qui s'imposent à l'individu vivant isolément. Il importe de les bien connaître. Nous allons donc examiner quelles sont les conditions de stabilité et de durée des sociétés humaines; nous rechercherons si elles sont par elles-mêmes garanties de tout désordre, et nous verrons à quelles règles elles doivent obéir pour prospérer.

Les hommes ne sont pas parfaits, l'expérience ne nous l'apprend que trop. Dans toute agglomération humaine, soit par suite de malentendus, soit par l'effet d'une de ces nombreuses passions mauvaises dont le germe est dans notre nature, les discussions et les désaccords sont fréquents. Ils se traduisent souvent entre voisins, même entre parents, par des attentats, soit contre les personnes, soit contre les propriétés.

L'homme qui se sent le plus fort est toujours tenté d'abuser de sa supériorité, soit physique, soit intellectuelle, pour imposer sa volonté ou pour s'approprier le fruit du travail des autres. Faudra-t-il que le plus faible supporte sans recours ces agressions ou ces violences, ou devra-t-il appeler à son aide la ruse, pour se venger des spoliations ou des mauvais traitements qu'il a subis ?

La vie en société, dans ces conditions, au lieu d'être une source de bien-être et le point de départ de la civilisation, ne serait qu'un fléau insupportable ; mieux vaudrait l'isolement avec tous ses inconvénients !

Pour prévenir ces maux, dus aux imperfections de notre nature, et pour permettre aux sociétés humaines de remplir le rôle auquel elles sont destinées, il faut créer, au milieu d'elles et au-dessus de chacun de leurs membres, une puissance capable d'imposer au plus fort le respect des droits du plus faible, et devant laquelle tout individu lésé puisse obtenir justice, sans être obligé de recourir à la force pour sa défense personnelle.

Cette puissance est ce qu'on nomme le *gouvernement;* son rôle principal est donc de faire régner la *justice*, c'est-à-dire de faire respecter les droits de chaque membre de la société et d'assurer à tous la sécurité nécessaire à une existence paisible.

On comprend très bien que des hommes, vivant rapprochés les uns des autres et mus par l'instinct social, se soient entendus pour confier des pouvoirs spéciaux à quelques-uns d'entre eux, qui deviennent, par ce choix librement consenti, les chefs de la communauté, chargés de garantir la sécurité publique. Une de leurs fonctions principales est donc de *faire la police*, c'est-à-dire de maintenir le bon ordre dans la société par tous les moyens légaux. Tout membre de la communauté qui voudrait abuser de sa force ou attenter aux droits de son prochain est obligé de se soumettre à la volonté publique représentée par le gouvernement, sinon, il peut être frappé d'une peine proportionnée à sa faute.

2. La Loi naturelle et les lois écrites. — On appelle *lois* les règles de conduite qui définissent à chacun ce qu'il doit ou ce qu'il peut faire, et ce qu'il ne doit pas faire dans le cercle des relations sociales. Il y a des lois primordiales et immuables, qui sont les mêmes pour tous les hommes et dans tous les pays; lois qu'on ne peut enfreindre sans que la société soit menacée dans son existence même. Elles constituent ce que l'on appelle la *loi naturelle*, et elles sont renfermées dans les dix commandements de Dieu, qu'on peut résumer en cinq grands principes, savoir :

1° Le respect de Dieu, auteur de toutes choses, source et sanction du lien social;

2° Le respect du père et de la mère, condition de bon ordre dans la Famille, fondement de la Société;

3° Le respect de la femme, chargée de conserver et de perpétuer la Famille, condition de moralité dans la Société;

4° Le respect de la vérité, base de la dignité humaine et garantie des relations sociales;

5° Le respect de la vie, et de la propriété, destinée à la conservation de la vie, condition de durée de la Société.

Que l'on soit Français, Américain ou Chinois, que l'on vive dans les grandes villes, dans des campagnes fertiles ou dans des régions désertes, on est bien près de redescendre à l'état de barbarie, si on ne respecte pas ce que le Décalogue ordonne de respecter.

A côté de la loi naturelle, il y a d'autres règlements, expression des besoins variables des diverses nations, suivant les temps et les lieux. Ils sont faits pour le bien de la société, et par suite peuvent être modifiés si ces besoins viennent à changer. On appelle *lois écrites* l'ensemble de ces règlements, qui sont le produit de l'expérience des siècles. Les législateurs, chargés de les rédiger, cherchent constamment à les améliorer; mais ils ne peuvent réussir dans cette tâche qu'à la condition de se conformer aux principes de la loi naturelle. Toute loi qui ne serait pas conforme à l'esprit du Décalogue pécherait par la base, et ne saurait être imposée à un pays sans graves dommages.

3. Les attributions du gouvernement. Pouvoir exécutif, pouvoir législatif et pouvoir judiciaire. — La préparation et l'amélioration des lois écrites, à l'aide de l'expérience et de la tradition, constituent la première des fonctions du gouvernement dans les sociétés; la seconde consiste à examiner les contestations entre les concitoyens au sujet de leurs droits respectifs, et à prononcer sur leurs différends; à juger ceux qui ont enfreint les lois, et à leur infliger, conformément à ces lois, le châtiment qu'ils ont encouru; enfin les représentants du gouvernement doivent assurer la stricte exécution des jugements prononcés et l'observation des lois et règlements de toute nature, en un mot faire régner partout la tranquillité et le bon ordre.

Ces trois ordres d'attributions ont reçu les noms de : pouvoir législatif, pouvoir judiciaire et pouvoir exécutif.

Dans les sociétés peu considérables ces trois pouvoirs peuvent être réunis entre les mains d'une même personne; mais si le nombre des membres de la communauté augmente, plusieurs personnes sont chargées, soit ensemble, soit séparément, des fonctions du gouvernement. Quand les sociétés comprennent des agglomérations considérables, comme les nations modernes de l'Europe, elles appliquent au gouvernement les principes de la division du travail, et ont en général :

Un *pouvoir exécutif*, représenté par le chef de l'Etat aidé de ses ministres, de ses conseillers et des fonctionnaires publics;

Un *pouvoir législatif*, exercé par des mandataires désignés suivant certaines règles par les habitants du pays;

Un *pouvoir judiciaire*, confié à un corps de magistrats ayant pour mission de faire à tous l'application impartiale des lois.

4. L'impôt est destiné à pourvoir aux dépenses communes. —Tel est le rôle du gouvernement. Ceux qui en sont chargés rendent des services à tous les membres de la société, puisqu'ils assurent leur tranquillité et leur sécurité. Or nous savons que tous les services doivent se payer. Comment les gouvernants seront-ils rémunérés, puisque leurs services ne s'adressent pas à un individu en particulier, mais à l'ensemble des habitants d'un pays?

Pour fournir une juste rémunération aux personnes chargées des fonctions gouvernementales, il faut que chaque membre de la communauté paie une contribution annuelle, destinée à subvenir à ces dépenses.

La cotisation, prélevée par le gouvernement sur les ressources de chaque citoyen, se nomme *l'impôt*. On le paie en services, en produits naturels ou en argent.

L'impôt est une des dépenses les mieux justifiées dans l'ensemble du budget de chaque famille, puisqu'il est le prix de services sans lesquels elle ne pourrait ni vivre en paix, ni profiter des fruits de son travail quotidien, ni conserver ses épargnes ou ses capitaux, fruits d'un travail antérieur.

Le produit de l'impôt dans les Etats de l'Europe ne sert pas seulement à payer les services des agents du gouvernement chargés de faire la police et de rendre la justice; il est encore employé à subvenir à un grand nombre de dépenses qui sont considérées comme d'intérêt général : tels sont, par exemple, les grands travaux publics, routes, ponts, chemins de fer, ports de mer, etc., tels sont encore les établissements d'instruction publique.

Il en résulte bien une augmentation dans la cotisation

que chacun doit fournir, mais aussi tous jouissent des avantages qui résultent des dépenses de ce genre faites par l'Etat.

5. Le paiement de l'impôt est un devoir rigoureux. — Nous devons désirer que les ressources provenant de l'impôt soient bien employées, et c'est principalement dans ce but que sont nommés les députés ou représentants du pays. Ils sont chargés de fixer chaque année la quotité des contributions à demander à leurs concitoyens et d'en surveiller la répartition ainsi que l'emploi. Mais, une fois les impositions décidées par les assemblées de nos représentants, nous devons en regarder le paiement comme le premier de nos devoirs.

Chacun de nous désire naturellement en supporter une part aussi petite que possible, il serait même à souhaiter, si cela pouvait se faire, qu'il n'y eût rien à payer du tout. Mais comme cela ne se peut, sans perdre du même coup tous les avantages que l'impôt nous procure, il faut payer avec empressement la part qui nous incombe. Il faut surtout ne pas essayer de nous soustraire à cette obligation et de la rejeter sur autrui. Et, s'il est mal de chercher à s'exempter du fardeau que l'on doit supporter, il serait plus blâmable encore de poursuivre ce but à l'aide de la fraude ou du mensonge. D'honnêtes gens ne doivent jamais se prêter à tromper le gouvernement.

On dit quelquefois que voler l'Etat ce n'est rien! On commet là une grave erreur : l'Etat est l'ensemble des habitants du pays, et voler l'Etat c'est voler ses concitoyens.

6. Etablissement des impôts. Impôts directs. — L'établissement des impôts est une des questions les plus délicates de la science du gouvernement. En principe, chacun devrait payer une part de contributions proportionnelle à ses ressources et proportionnelle aux avantages qu'il retire des dépenses communes.

Il est évident qu'il est extrêmement difficile de déterminer les ressources ; il faudrait, pour être juste, déduire des ressources les charges personnelles, les charges de famille, etc. Il est non moins compliqué de savoir quel est le profit exact que chacun de nous retire des services publics. Comment évaluer la part qui doit incomber à notre charge dans le pavage ou l'éclairage des rues d'une ville, dans la police des campagnes, dans l'établissement d'un chemin de fer ?

Pour couper court à ces difficultés et arriver à une solution, sinon absolument équitable, au moins facile à mettre en pratique, on a supposé que chacun retire des dépenses communes des avantages proportionnels à sa fortune, et que les ressources de chaque famille sont en raison directe de la consommation qu'elle fait de certaines denrées d'un usage général.

De là l'établissement de deux catégories d'impôts, les *impôts directs* et les *impôts indirects*.

Les impôts directs sont établis sur les revenus ou sur les propriétés foncières. Ils sont payés à un fonctionnaire de l'Etat appelé le percepteur. Chaque année le percepteur adresse aux contribuables une note où est fixé le montant de la somme à payer, absolument comme un marchand envoie sa facture. Les impôts directs comprennent, outre l'impôt foncier et l'impôt mobilier, la cote personnelle, l'impôt des portes et fenêtres et l'impôt des patentes sur l'exercice de diverses professions.

7. Impôts indirects. — Les impôts indirects sont établis sur les objets de consommation habituelle, tels que les boissons, le sel, le papier timbré, le tabac, etc. Les douanes ou taxes prélevées sur les marchandises provenant des pays étrangers rentrent dans cette catégorie d'impôts.

Quelque considérables qu'ils soient, ces impôts paraissent en général moins difficiles à payer que les impôts directs, parce qu'ils se confondent avec le prix de l'objet consommé et sont ainsi perçus en détail.

Le marchand ou le fabricant acquitte en bloc la taxe imposée par l'Etat, puis il la répartit sur les denrées qu'il débite, et il se rembourse sur ses clients de l'avance qu'il a faite au trésor public. Chacun de ces objets se vendrait donc moins cher si l'impôt n'existait pas.

Mais on n'y pense guère. Quel est le buveur qui, en dégustant une bouteille de vin, songe qu'il contribue pour sa part à faire marcher la machine gouvernementale ? On peut en dire autant des fumeurs, qui, en France, fournissent à l'Etat une recette nette de 250 millions.

Les impôts indirects sont moins recommandables cependant que les impôts directs, parce que le principe sur lequel ils reposent est moins exact. Ils sont tout aussi lourds à payer et bien plus gênants. Ils apportent des entraves inévitables au commerce et créent des charges très onéreuses à l'industrie. Ils sont plus coûteux à percevoir, parce qu'ils s'appliquent à de menus objets de quantités très variables, que les taxes sont très différentes, tandis que la base des impôts directs varie peu.

Enfin, pour les personnes qui réfléchissent, les impôts directs sont préférables, parce que, sachant ce qu'il paie, le contribuable cherche davantage à se rendre compte de l'emploi de l'impôt ; il s'intéresse à la gestion des deniers publics, et devient moins indifférent à ce qui se passe dans les régions gouvernementales.

8. L'octroi. — Economie due à la vie en société. — Parmi les impôts indirects, il y en a un d'une espèce toute spéciale par sa destination. Je veux parler de l'octroi, ou taxe perçue à l'entrée des villes sur les matériaux de construction et les denrées alimentaires. Le but de cet impôt, perçu par des fonctionnaires dépendant de la ville, est de subvenir aux dépenses de la communauté des habitants, *dépenses indispensables* également ; aussi ne doit-on pas chercher à s'en exonérer en faisant passer en contrebande de menus objets soumis aux droits d'octroi.

L'octroi a les inconvénients de tous les impôts indirects, il faut donc éviter d'en exagérer les taxes. Mais on sera obligé de le garder tant qu'on n'aura pas trouvé de meilleur impôt, car il faut bien, en définitive, payer l'éclairage des villes, le balayage, l'arrosage, le pavage des rues, l'instruction primaire, la police, etc. ; toutes dépenses que nous serions bien fâchés de voir supprimer.

Car, il importe de le remarquer, la vie en société est un moyen de vivre d'une manière économique. C'est un des bienfaits de l'association. De même, en effet, que les sociétés de consommation livrent aux sociétaires les denrées de première nécessité à des prix réduits, de même aussi, la police organisée par le gouvernement nous donne la sécurité à moins de frais que nous ne pourrions nous la procurer nous-mêmes.

Calculez, par exemple, ce qu'il vous en coûterait pour vous garder la nuit contre un malfaiteur. Vous devriez charger quelqu'un de ce soin, et le rétribuer chèrement ; les sergents de ville, au contraire, remplissent ce pénible office d'une manière plus satisfaisante, sans qu'il en résulte pour vous une charge bien sensible.

Supposez encore que vous soyez obligé de sortir par une nuit obscure. Si vous habitez un endroit isolé, à la campagne, vous devrez acheter une lanterne, brûler de l'huile. Si vous habitez une ville où de nombreux becs de gaz éclairent les rues, les places et les promenades, il ne vous en coûtera qu'une petite part d'impôts.

9. Devoirs des citoyens envers le gouvernement. — Voilà les bienfaits économiques de la vie en commun, et il serait facile de trouver dans chacune des circonstances de la vie des exemples analogues. La première conclusion à en tirer, c'est qu'il ne faut pas se plaindre d'avoir à payer des impôts, puisque nous en retirons un grand profit, à condition, bien entendu, qu'ils soient bien employés.

La seconde conclusion, c'est que les affaires et les intérêts du gouvernement sont nos affaires et nos intérêts à nous-mêmes, et nous devons faire nos efforts pour l'aider à fonctionner dans l'intérêt général. Il faut que dans ce but, nous fassions quelquefois le sacrifice de nos goûts, de nos préférences, tout comme les membres d'une société de consommation doivent se contenter de ce qu'ils trouvent au magasin de la société, et ne pas demander des pains longs quand le boulanger ne fabrique que des pains ronds.

Nous devons faire abnégation de nos sentiments personnels quand nous voyons figurer à la tête des affaires de notre pays, des hommes qui n'ont pas nos sympathies, mais qui ont été légalement investis du pouvoir. Quelquefois, les lois qui régissent nos rapports avec les habitants de notre pays nous paraissent contraires à nos propres intérêts ; nous devons pourtant nous y soumettre et ne pas oublier que l'intérêt général est supérieur à l'intérêt particulier.

Nous avons dit qu'il serait désirable de voir diminuer les impôts, à condition toutefois de ne pas perdre les avantages qu'ils nous procurent. Cela est-il possible ? Oui, dans une certaine mesure, si l'on s'applique à diminuer les charges de l'Etat ou de la commune.

Il y a des choses qu'on demande souvent au gouvernement, et qui peuvent pourtant se faire sans son intervention. On a cru longtemps, par exemple, que l'Etat seul devait construire et exploiter les chemins de fer. C'est une erreur, ils fonctionnent très bien entre les mains d'associations privées.

En France, l'Etat est chargé de plusieurs services dont la direction, à l'étranger, est confiée à des particuliers. Ainsi, par exemple, les télégraphes ont été créés par des Compagnies, en Suisse, en Allemagne et en Angleterre. Quand il a fallu relier l'Europe à l'Amérique par un câble télégraphique sous-marin, que l'on appelle *câble transatlantique*, les gouvernements ne s'en sont pas mêlés et l'opération a réussi malgré une dépense considérable. En général, les Compagnies font mieux et plus économiquement que l'Etat les affaires industrielles et commerciales. Il y a donc intérêt à les en charger et à diminuer ainsi le montant des impôts.

Les efforts des associations privées suffisent également presque toujours aux besoins de l'instruction publique et à ceux de l'assistance des pauvres ou des malades ; et il est regrettable de voir l'Etat, en France, chercher à substituer à grands frais son action à celle de pareilles associations, au lieu de les encourager, en se contentant de les surveiller, mais seulement dans la mesure exigée par l'intérêt général de la société.

On peut également se garantir par des assurances contre les désastres tels que les inondations, la grêle, les incendies, etc., et ne pas prendre l'habitude de demander à l'Etat d'indemniser ceux qui en ont été victimes. On arrivera ainsi à diminuer les charges du budget, et par suite les impôts destinés à y pourvoir.

10. La justice, la police, l'armée sont les attributions essentielles de tout gouvernement. — Mais il y a des dépenses d'Etat qu'on ne pourra pas supprimer, quoi qu'on fasse, parce qu'elles sont par leur essence à la charge de la communauté et qu'elles ne sont bien faites que par l'Etat. Ce sont les dépenses relatives à l'administration de la justice, celles qu'entraînent la police pour maintenir la tranquillité à l'intérieur du pays, et l'armée pour assurer la sécurité contre les ennemis du dehors.

Les tribunaux sont institués pour faire connaître à chacun les limites de son droit. Il y a souvent des conflits d'intérêts entre voisins. Un vieux proverbe, malheureusement toujours vrai, disait : « Qui terre a, guerre a ».

Les tribunaux sont encore chargés de fixer les pénalités à infliger à ceux qui ont enfreint les lois. Un pouvoir aussi considérable ne peut évidemment être confié à des particuliers.

Il en est de même de la police intérieure, qui touche de si près à la justice. Les agents de police sont au premier rang parmi les défenseurs de la société, aussi ne saurait-on trop les honorer et les respecter quand ils remplissent dignement leurs fonctions. En Angleterre, quand un agent de police, armé d'un simple bâton, fait un signe, tout le monde obéit; s'il éprouve de la résistance, il appelle à son aide les passants, et ceux-ci s'empressent d'accourir, car il représente la loi, le bon ordre, c'est-à-dire ce que tout le monde doit avoir à cœur de faire respecter.

Enfin l'armée. Dans l'état actuel de la civilisation européenne, un pays ne trouve que dans le bras de ses soldats une garantie de sécurité contre les attaques des ennemis de l'extérieur. Garantie bien imparfaite, malheureusement, car elle se résume dans l'application barbare et brutale du *droit du plus fort.*

Chez les peuples comme chez les individus se retrouvent les préjugés égoïstes, conséquences de l'imperfection native de l'homme. Aussi les peuples et leurs gouvernements sont exposés à se tromper sur l'étendue de leurs droits; ils sont tentés d'abuser de leur supériorité matérielle au détriment des plus faibles.

De même que dans nos sociétés modernes on a institué des tribunaux où se jugent paisiblement les querelles entre les individus, au lieu de les laisser régler à coup de couteau, ne serait-il pas désirable de voir entre les peuples chrétiens organiser des tribunaux internationaux, au lieu d'en appeler aux coups de fusil ? Malheureusement nous n'en sommes pas encore là, et le devoir des gouvernements est de se mettre en mesure de repousser les attaques qui peuvent venir du dehors. Pour cela il faut réunir des soldats, les équiper, les armer, les instruire, faire appel à leur patriotisme, développer en eux le sentiment du devoir, de façon qu'en cas de guerre ils sacrifient, sans hésiter, leur vie pour la défense de la patrie.

Tout cela, on le comprend encore, ne peut être fait que par le gouvernement. L'entretien des armées permanentes est une des plus grosses dépenses auxquelles il faut pourvoir par l'impôt, aussi avions-nous raison de dire précédemment qu'elles sont une cause d'appauvrissement pour les nations modernes.

11. L'Etat et la Famille. — Tels sont les attributions et les devoirs des gouvernements ou, autrement dit, de l'Etat. L'Etat n'est donc pas une chose distincte de la nation, qui est formée par une agglomération d'hommes unis par des liens naturels, tels que le langage, l'origine, la position géographique, le passé historique et la législation. La nation constitue la grande patrie que nous devons aimer et défendre. Mais, avant de former une nation, les habitants d'un pays forment des communes ou paroisses, agglomérations de familles unies par une communauté d'intérêts résultant de leur habitation dans un même lieu, et ayant à cause de cela les mêmes mœurs, les mêmes besoins, les mêmes habitudes. C'est la petite patrie, à laquelle nous ne devons pas être moins fidèles et moins dévoués qu'à la grande. L'Etat n'est en réalité que la représentation des intérêts d'un ensemble de familles vivant sur un territoire défini, il ne peut exister sans elles ni en dehors d'elles.

Chaque famille, au contraire, a son existence propre, indépendante de l'ensemble, indépendante par conséquent de l'Etat. Le père de famille en est à lui seul le gouvernement. Il représente à la fois les trois pouvoirs : c'est lui qui commande et se fait obéir, qui gagne la vie de la famille et décide les dépenses à faire.

Une famille isolée pourrait à la rigueur se suffire à elle-même, elle est donc la véritable unité dans les sociétés humaines, le centre auquel tout aboutit dans la vie sociale.

L'organisation d'un Etat ou le gouvernement d'un ensemble de familles devient nécessaire seulement lorsque les familles se sont multipliées les unes à côté des autres au point que leurs intérêts individuels risquent d'amener des conflits. Alors quelques-uns des chefs de famille sont investis du pouvoir de les gouverner toutes, c'est-à-dire de les maintenir en paix.

12. Rôle de la Famille au point de vue social. — Mais il faut que le gouvernement constitué pour le bien de cette association ne laisse point ses agents empiéter sur les droits des pères de famille. Ces droits sont sacrés; y toucher c'est saper par sa base la Société elle-même, puisque c'est compromettre la Famille qui en est le fondement.

On a vu pourtant des rêveurs soutenir que les enfants appartenaient à la société et non au père, que l'Etat devait se charger de les élever, de les nourrir et de diriger leur éducation. Ne nous laissons jamais séduire par d'aussi dangereuses utopies. Demandons plutôt à l'expérience les conditions du bonheur des peuples et de la grandeur des nations, seuls buts que poursuive la science sociale.

Or l'histoire du passé et l'observation des diverses populations de l'Europe démontrent que la paix et la prospérité sont intimement liées à l'indépendance et à la stabilité de la Famille. Sous l'autorité incontestée du père, les générations nouvelles contractent les habitudes d'ordre et de discipline qui font la force d'un pays. Là aussi elles puisent les souvenirs d'enfance, véritable source du patriotisme, sans lequel le lien social ne peut subsister longtemps.

Le meilleur moyen d'assurer la stabilité de la Famille paraît être de l'attacher à son pays d'origine par la possession d'une maison ou d'une propriété qui se transmet de père en fils avec les traditions du foyer.

Tous les efforts de la législation doivent donc tendre à faciliter la conservation du plus modeste domaine patrimonial dans la même famille, bien loin d'en imposer la licitation ou le partage. Ils doivent surtout avoir pour but de fortifier l'autorité paternelle, bien loin de chercher à l'ébranler sous quelque prétexte que ce soit.

QUESTIONNAIRE DE LA 11ᵉ LEÇON

1. Les hommes ont-ils besoin les uns des autres ? Démontrez-le de plusieurs manières. La société a-t-elle besoin de sécurité ? Quel doit être le rôle du gouvernement dans toute société ? — 2. Comment appelle-t-on les règles qui président à la vie des individus et des sociétés ? Quelles sont les prescriptions de la loi naturelle ? Qu'appelle-t-on loi écrite ? — 3. Expliquez l'organisation des trois attributions de tout gouvernement. — 4 et 5. Dites ce qu'on appelle impôt, quel est son but, sa nécessité. — 6 et 7. Etablissez la distinction entre l'impôt direct et l'impôt indirect. — 8. Qu'appelle-t-on octroi ? Quelle est sa nature, c'est-à-dire à quel genre d'impôts appartient-il ? — La vie sociale permet-elle de vivre économiquement ? — 9. Précisez les devoirs de tous les citoyens à l'égard du gouvernement ? — Quel serait le moyen de diminuer les impôts ? — 10. Signalez une catégorie de dépenses qu'on ne pourra jamais supprimer. Peut-on espérer la suppression des armées permanentes ? — 11. Pourriez-vous établir quelques distinctions entre l'Etat et la famille ? Les droits du père de famille sont-ils supérieurs à ceux de l'Etat ? — 12. Quelle est la condition de prospérité des nations ? Comment peut-on assurer la stabilité des familles ?

SUJETS DE DEVOIRS

1. Développez l'interprétation sociale des préceptes du décalogue.
2. Etablissez la distinction de la loi naturelle et des lois écrites.
3. Faites ressortir la loi de solidarité qui unit les hommes, et montrez-en les avantages.
4. Démontrez la nécessité de l'impôt et l'utilité de son bon emploi.
5. Discutez les circonstances de la vie sociale dans lesquelles l'intervention de l'Etat est justifiée, et les circonstances où cette intervention doit être repoussée.

DOUZIÈME LEÇON

INSTITUTIONS POLITIQUES ET ADMINISTRATIVES
DE LA FRANCE

1. Organisation du pouvoir exécutif en France. Le chef du pouvoir exécutif et ses ministres. Leurs attributions. — 2. Organisation du pouvoir législatif. Mode d'élection des divers représentants de la nation. — 3. Organisation du pouvoir judiciaire. Mode de nomination des magistrats. Tribunaux civils; tribunaux criminels. — 4. Organisation administrative des départements. Attributions des préfets et des conseils généraux. — 5. Organisation de la commune. Mode de nomination du maire et du conseil municipal. Leurs attributions. — 6. Système financier de la France. La perception des impôts. Budget des dépenses et des recettes. — 7. Organisation de l'armée. Le service militaire. La marine militaire. — 8. La représentation de la France dans les pays étrangers. L'administration des colonies. — 9. Organisation de l'instruction publique. L'enseignement primaire ; l'enseignement secondaire ; l'enseignement supérieur. — 10. Organisation ecclésiastique. Rapports de l'Église avec l'État. — 11. Limitation des droits de la famille par la législation en France. Le Code civil et les autres Codes. — 12. Renseignements statistiques sur la population et sur la richesse de la France.

Questionnaire de la 12ᵉ Leçon

1. *Quel est en France le chef du pouvoir exécutif ? Quelles sont ses attributions ? Quels sont les divers ministères ? Faites connaître leurs attributions et leur fonctionnement. —* 2. *Comment est organisé le pouvoir législatif en France ? Quelles sont ses attributions ? Comment sont nommés les représentants de la nation ? Quel est leur nombre ? —* 3. *Comment est organisé le pouvoir judiciaire ? Quels sont les tribunaux des divers degrés ? Distinguez les tribunaux civils des tribunaux criminels ? Qu'est-ce que la juridiction commerciale et la juridiction administrative ? Comment sont nommés les magistrats de toutes les catégories ? —* 4. *Quels sont les conseils délibérants dans les départements ? Quels sont les représentants du pouvoir exécutif ? Quelles sont les attributions des préfets et celles des conseils généraux ? —* 5. *Quelles sont les attributions du maire dans une commune ? Quelles sont les attributions des conseils municipaux ? Comment sont-ils nommés ? —* 6. *Quelles sont en France les diverses sources des impôts ? Comment sont-ils perçus ? Les départements et les communes ont-ils des budgets de dépenses et de recettes ? Quelles sont les communes qui ont des octrois ? Quel est le système douanier ? —* 7. *Quelle est l'organisation de l'armée ? Quelle est l'organisation de la marine militaire ? Comment se fait le service militaire ? Mesures à prendre en cas de guerre. —* 8. *Comment la France entretient-elle des relations avec les pays étrangers ? Quelles sont ses colonies ? Comment sont-elles administrées ? —* 9. *Comment l'Etat intervient-il dans l'instruction publique ? Comment est organisé l'enseignement primaire ; l'enseignement secondaire ; l'enseignement supérieur ? —* 10. *Comment se fait en France le service du culte religieux ? Comment sont réglés les rapports de l'Eglise et*

de l'Etat ? — 11. Sur quoi sont basés les droits de l'Etat ?
Quelles sont leurs limites en France ? Les droits récipro-
ques de la Famille et de l'Etat peuvent-ils être définis
par la législation ? Quels sont en France les codes qui
résument ces droits ? — 12. Quel est l'objet des recense-
ments et à quelle époque se font-ils ? Quelles conclusions
peut-on tirer du rapprochement des statistiques de
diverses époques et de divers pays touchant la popu-
lation et la richesse publique ?

SUJETS DE DEVOIRS

1. Décrivez la constitution politique de la France et comparez-la avec celle de quelques autres grands pays.

2. Développez les attributions et le fonctionnement des ministères et indiquez les services qu'ils rendent.

3. Exposez l'organisation administrative et judiciaire dans les départements et dans les communes.

4. Développez le fonctionnement de l'enseignement public et l'organisation du service militaire.

5. Enumérez les principales dispositions édictées par les codes français concernant les intérêts de la famille.

TABLE DES MATIÈRES

TROISIÈME LEÇON

QUATRIÈME LEÇON

CINQUIÈME LEÇON

HUITIÈME LEÇON

1. Association habituelle du capitaliste et du travailleur dans l'industrie. — 2. Le capitaliste et le travailleur associés courent les mêmes risques et se partagent les profits. — 3. Le métayage, association entre le propriétaire du sol et le cultivateur. — 4. Le salaire a pour but d'exonérer le travailleur des risques industriels. — 5. Le salaire est à la fois une avance et une assurance. — 6. Le salaire répond au besoin de fixité naturel à l'homme. — 7. Le travail à la tâche est une combinaison intermédiaire entre l'association et le salaire. — 8. Les sociétés coopératives ont pour but la collaboration du travail et des capitaux des ouvriers. — 9. Conditions de succès des sociétés coopératives. — 10. Les sociétés de consommation ne sont pas des sociétés coopératives. — 11. Causes du succès des sociétés de consommation. — 12. Rôle des intermédiaires dans la vie sociale.

NEUVIÈME LEÇON

1. La terre produit les objets auxquels l'homme applique son travail. — 2. La jouissance des produits du sol doit être assurée à celui qui le cultive. — 3. Le travail est la véritable origine de la propriété du sol. — 4. La surface du sol, objet de la propriété, est limitée. — 5. La force productive du sol est le résultat d'un travail antérieur. — 6. La richesse ne consiste pas uniquement dans la propriété du sol. — 7. Erreurs des communistes qui proposent le partage des propriétés. — 8. Le partage des biens ne ferait pas disparaître la souffrance sur la terre. — 9. Exemple du résultat auquel aboutirait le partage des biens. — 10. L'exploitation en commun du sol est condamnée par l'expérience. — 11. L'égalité obligatoire des salaires est une forme du communisme. — 12. L'organisation artificielle du travail est contraire à la nature des choses. — 13. Conséquences du droit de propriété. Les donations. Les testaments. — 14. Les propriétés foncières ne sont pas les seuls biens qu'un père puisse transmettre à ses enfants.

DIXIÈME LEÇON

ONZIÈME LEÇON

DOUZIÈME LEÇON

tions. — 2. Organisation du pouvoir législatif. Mode d'élection des divers représentants de la nation. — 3. Organisation du pouvoir judiciaire. Mode de nomination des magistrats. Tribunaux civils; tribunaux criminels. — 4. Organisation administrative des départements. Attributions des préfets et des conseils généraux. — 5. Organisation de la commune. Mode de nomination du maire et du conseil municipal. Leurs attributions. — 6. Système financier de la France. La perception des impôts. Budget des dépenses et des recettes. — 7. Organisation de l'armée. Le service militaire. La marine militaire. — 8. La représentation de la France dans les pays étrangers. L'administration des colonies. — 9. Organisation de l'instruction publique. L'enseignement primaire; l'enseignement secondaire; l'enseignement supérieur. — 10. Organisation ecclésiastique. Rapports de l'Eglise avec l'Etat. — 11. Limitation des droits de la famille par la législation en France. Le Code civil et les autres Codes. — 12. Renseignements statistiques sur la population et sur la richesse de la France.

FIN

Lyon. — Imp. Vitte et Perrussel, rue Sala, 58.

www.ingramcontent.com/pod-product-compliance
Ingram Content Group UK Ltd.
Pitfield, Milton Keynes, MK11 3LW, UK
UKHW020159130726
13696UKWH00002B/606